大学·城

百所优质
教育资源
大学全解析 上

Wonder
University
&
Wonder
City

主编◎张洁

四川大学出版社

图书在版编目（CIP）数据

大学·城：百所优质教育资源大学全解析．上 / 张
洁主编．— 成都：四川大学出版社，2020.11
　　ISBN 978-7-5690-3990-0

Ⅰ．①大… Ⅱ．①张… Ⅲ．①高等学校—介绍—中国
Ⅳ．① G649.28

中国版本图书馆 CIP 数据核字（2020）第 236612 号

大学·城：百所优质教育资源大学全解析（上）
DAXUE·CHENG:BAISUO YOUZHI JIAOYU ZIYUAN DAXUE QUANJIEXI(SHANG)

张　洁　主编

项目策划：张　洁	特约编辑：吴京晶　崔云昊
责任编辑：孙滨蓉	责任校对：吴连英　周永才
封面设计：贺　欢	责任印制：王　炜

出版：四川大学出版社
地址：成都市一环路南一段 24 号（610065）
网址：http://press.scu.edu.cn
发行：四川大学出版社　重庆课堂内外杂志有限责任公司
淘宝官方网址：http://ktnwts.tmall.com
设计：重庆一堂优教育科技有限公司
印刷：重庆立合印务有限公司
全国新华书店经销

◆ 读者邮购本书，请与本社发行科
　　联系。（028）85408408
◆ 如有印装质量问题，请寄回出版社
　　调换。
◆ 本书所有使用方正字体经北大
　　方正公司授权许可。

开本：880mm×1240mm 1/24　印张：10.75　字数：392 千字
版次：2020 年 12 月第 1 版　印次：2022 年 7 月第 4 次印刷
书号：ISBN 978-7-5690-3990-0
定价：32.00 元

四川大学出版社
微信公众号

目
录
CONTENTS

北京

最大气

BEI
JING

遇见
生活的
N种可能

◎文/Aki　图/图虫创意

知乎上有一个问题——'如何不吹牛地形容北京有多大？'一位网友回答说，她去北京南站送朋友，朋友一进站她就去坐地铁，结果等朋友到天津安顿下来，她还没到家。

北京是一座硕大的城市，总面积相当于20个纽约，或者160个巴黎。这里的人们把去十三陵游玩称作'出远门儿'，觉得跨区谈恋爱等同于异地恋。就是这样一座城市，每天有无数人嚷嚷着要逃离，却也是无数人的心之所向。就是这样一座城市，经历了历史的兴衰，见证过朝代的更迭，昂然与大气却始终刻在它的血脉里，从不曾改变。

"老炮儿"与"北漂"

北京的大气在于，它能够包容截然不同的文化。无论是东四胡同里下棋遛鸟的老大爷，还是在工体灯红酒绿中徜徉的年轻人；不管你是每个清晨拎着豆浆挤公交，还是每个傍晚开车堵在北三环……任何一个群体，任何一种生活方式，都能在这座城市里找到自己的归属感。

而形成这样的文化包容度，深厚的历史积淀和文化底蕴功不可没。

北京曾是辽、金、元、明、清五朝帝都，留下了八达岭长城、颐和园、鼓楼、天坛等一众名胜。当年普通老百姓可望而不可及的紫禁城，如今也敞开大门，成了游客如织的博物院。皇城巍巍，深宫中的人早已远去，但那些红墙绿瓦没有保守住的秘密，却慢慢流传下来，成为影视剧最好的素材宝藏。故宫一改当年的严肃古板，拍纪录片、设计文创产品，主动伸出手拥抱年轻的群体，也获得了破十亿元的经济收入和超高口碑的回报。

当然，北京城除了古都这一身份，还是我们的首都、政治中心、文化中心、国际交往中心和科技创新中心。

这个大气包容的城市不仅仅有老祖宗留下的东西，北漂们带来的一切也在悄然改变着北京。不同地方的人带来了不同的文化，也带来了不同的饮食习惯。

你可以在北京吃到炒肝儿、卤煮、豌豆黄儿，也可以吃到生煎、火锅、云吞面；你可以听到老北京一口地道的京片子，也会有偶尔飘过耳边的粤语、四川话和江浙方言。各种文化不断流入，北京城见得多了，无论你做什么喜欢什么，都一定不是独一份儿，于是它变得越来越包容。

梦想走进现实的地方

北京的大气还在于，它能够承载形形色色的梦想。有句老话形容北京，"皇城根上，天子脚下"，去这里读书，自古以来就是书生文人们毕生的心愿，而如今的北京坐拥清华、北大两所名校，高校数量也是当之无愧的全国第一。许许多多的高中生，都希望自己有一天能摇身变成"海淀网友"，在"宇宙中心"五道口完成自己的大学梦。

除了学业，那些在家乡难以实现的事业梦，在这里好像也有了无限的可能。

尽管北京并不完美，有能吓退人的高昂房价和拥挤交通，但因为更集中的资源、更高的平台、更多的机会，还是吸引无数人前赴后继，加入北漂的行列。后厂村埋头敲键盘的"码农"、东三环头脑风暴做策划的媒体人、金融街西装革履的"金融民工"……陌生的追梦人们保持着不远不近的距离，抬头却能看到彼此眼中的光芒。

在这里，你更有可能凭借自己的兴趣谋生，也仿佛更有勇气从头再来，谁知道那个创业失败的落魄青年，明天会不会因为街头弹唱而意外走红。

北京不一定会让你成功，但一定会给你更多的可能性。

就像歌里唱的那样，"在这儿我能感觉到我的存在，这里有太多让我着恋的东西"。为了这充满理想主义的一切，即使再给我一次机会，我想我仍然愿意留在北京。

清华大学
Tsinghua
University

听从内心，
无问西东

◎文/红茶 受访者/墨轩 图/图虫创意

梅贻琦先生在1931年就职国立清华大学校长演讲时说："所谓大学者，非谓有大楼之谓也，有大师之谓也。"这可能已成为中国近代教育史上最著名的一句话。

在清华，这里有更大的自由空间和更多的选择，没有人强求你做什么，没有什么是你必须要做的，清华自会营造一种气场，培养学生"为自己人生负责"的态度。

"这个世界不缺完美的人，缺的是用内心发出的真心、正义、无畏、同情。"清华大学百年校庆的献礼片《无问西东》里这句台词给很多人留下了深刻印象，"爱你所爱，行你所行，听从内心，无问西东"的信念，正是每个人憧憬过的理想世界所具备的美好模样。

在这里，
我成为**自己喜欢的**那种人

曾有人做过一个调查：你是怎样来到清华园的？

答案分别是："保送""物理竞赛""虽然数学考砸了，但其他科发挥正常，最终考得省状元"……

是的，这些优秀答案的提供者，就是我身边的同学们。我这种靠考前突击、人品爆发才进来的，只能瑟瑟发抖地看着他们，更何况我所在的是清华学神云集的电子系，每逢有人问我，和他们在一起上课是什么感受，其实就像从前听到的一句话那样，"上清华之前唯一的特长是学习，上了清华连唯一的特长都没有了"。

清华理工科的作业之难、之多是很多人想不到的，图书馆永远座无虚席，李健学长曾在采访时说过一句"名言"："清华是一个残酷的理工科院校。"

电子系考试出了名的难，由于电路、光电、电磁场等学科都依赖于数学基础，所以系里单独开设了五门数学课，其难度仅次于数学系，用微积分老师的话来说——"你们电子系的微积分是加过料的！"

不仅考试难，清华还没有补考！这就意味着，如果挂一门课，就只有明年重修这一条路可走。所以，我们常自嘲说："难怪清华电子系的高晓松和李健纷纷走上了文艺的道路。"

所以，别问我清华园里的学习生活是什么样，问就是日出而作，日落不息。

当然，这也是我们心甘情愿的选择。首先，我们需要完成基本的学习：上课修学分，完成专业课程，准备结课任务和考试……这部分反而是最轻松的任务，因为时间是固定的，要求是明确的，按需投入时间即可。

其次，我们需要结合自己的兴趣和能力去学习，提升综合能力。单专业早就无法在激烈的竞争中立足了，交叉学科才是王道，几乎所有清华的学生都会抓住一切机会跨专业蹭课，辅修第二专业，参加各种专业沙龙，以此来提升自己的专业素养。

再次，我们需要参与大学活动锻炼个人综合能力。大学本身就是一个发现自我的舞台，有社团，有学生会，有团委。校园里的文娱活动也很丰富：舞蹈队、艺术体操队、声乐课、钢琴课、琵琶课……这里有各种平台让你施展手脚，发现自己擅长的事情。这个过程中，压力固然存在，但这种压力也是促使你挑战充实生活的动力。

在清华生活学习过的同学都有这一印

象：那就是一个学期转瞬即逝，每天都有一张"to do list"需要你去清零，你只能自己做好时间管理，不然生活一定会一片混乱。

不过，虽然学习压力很大，但是我觉得还是得摆正个人心态。每个人禀赋不同，个人追求的目标不同，没必要狂妄自大或是妄自菲薄。相较于高GPA（平均学分绩点，以取得一定的学分和平均分绩点作为毕业和获得学位的标准），若是能从学习知识的过程中满足自己好奇心和求知欲，那会让学习更轻松、更欢乐。

清华充满了自由、充满了机遇，让我不再给自己设限，经历了很多以前没想到过的事。最重要的变化就是：以前遇到机会总是质疑自己是否有能力，是否有时间，然后放弃；现在总是对自己说why not，然后想办法提高成功的可能性。在不断历练中，我逐渐认清了自己，也慢慢找到适合自己的位置。

为祖国健康工作五十年 ///

在清华，体育强也是一种能力，所以我校的体育课从来都不温柔。"无体育不清华"已经作为一种精神、一种文化深入清华人的心中。

说起清华大学的体育教育，扳起手指来还真能细数出一桩桩一件件，新生"第一堂体育课"，新生20公里野营拉练，本科四年体育课，下午四点半"强迫运动"，每年男生测试3000米，女生测试1500米，每周参加两次阳光长跑，"赤足"运动会，人生启航毕业长跑……

尤其是大一、大二时，学生每学期都必须刷"阿甘"。《阿甘正传》？想得美！是一款课外跑步软件，叫作阿甘，用于监督学生的体育锻炼。作为工科院校的排头兵，清华大学的体育教育也算得上出类拔萃了，在教育部前四轮学科评估中，清华大学也一直稳居全国"体育学"前10位。

清华大学在体育上的"特立独行"还不止这些。2017年9月大学新生刚入学时，清华大学就成功地抢了一次镜，规定学生不会游泳不能毕业。寒窗苦读十二年，没想到进了清华还有50米的游泳池拦在面前，你不游过去，就拿不到毕业证。

除了必修课，体育选修课也是一绝，从棒球、垒球、网球、藤球，到射击、射箭、健美操、艺术体操，还有跆拳道、轮滑、武术、击剑，这些选修课足以让你出现"选择恐惧症"。

从体育运动神经为零到养成保持体育锻炼的好习惯，确实是清华给我带来的改变。当校庆时看到白发苍苍的老学长们还能在田径场上跑几圈时，带给我很大的触动。

希望自己未来无论多忙，都能保持在学校养成的锻炼习惯，就像清华倡导的体育精神那样："为祖国健康工作五十年！"

报考须知

录取

- 对于思想政治品德考核合格、身体健康状况符合相关专业培养要求、高考投档成绩达到各省（直辖市、自治区）本科一批录取控制分数线（合并本科批次的省份执行其相关规定）且符合清华大学调档要求的考生，学校根据考生高考投档成绩和专业志愿从高分到低分顺序录取。对于投档分数相同的考生，按照各省级招生主管部门确定的同分排序规则进行录取。
- 对强基计划及特殊类型招生认定结果另有规定的，从其规定。

选测等级要求

- 在江苏省录取时，对学业水平测试两门选测科目等级最低要求为A+、A，对获得高校农村单独招生专项计划、高水平艺术团等认定的考生的两门选测科目等级最低要求为B、B，对获得强基计划、高水平运动队、艺术类认定的考生的学业水平测试等级要求执行江苏省有关规定。

"双学籍"飞行员

- 清华大学按照国家相关规定，与军队联合招收、培养"双学籍"飞行学员。清华大学在军队飞行院校新生中择优录取学生进入"飞行学员班"学习。"飞行学员班"实行综合评价录取，综合评价成绩包括高考相对成绩、飞行筛选成绩、心理品质成绩，男、女飞行学员分别排序。
- "飞行学员班"培养采取"3+1"模式，学生在清华大学先行学习三年后，再在军队飞行院校学习一年。

北京大学
Peking
University

燕园纵歌马，
诗酒趁年华

◎文/Irene 受访者/方块儿周 图/图虫创意 北京大学官方网站

"我们企盼这所校园能哺育出这样一群学子：现实者不功利，理想者不空谈，仁爱者不软弱，刚直者不偏激，每个人都是尽责的公民，每个人都能坚守独立的人格，每个人都能为他人的幸福拓展纵深。"

这是
"世界上最漂亮的校园"

///

世上的大学有千万种样貌，但如果你问我哪一所最美，那么你一定会从我口中听到北京大学的名字。

北大的校本部又被唤作"燕园"，在明清时期是著名的皇家园林，数百年过去，神韵犹似从前。

燕园非常漂亮，胡适曾经盛赞这里是"世界上最漂亮的校园"。这里的每个季节都有着难分高下的美：春有小路旁如瀑的紫藤，夏有满墙蜿蜒的爬山虎，秋有一眼望不到尽头的银杏，冬有覆盖红色砖瓦的皑皑白雪。

但北大之美绝不限于四季风光，如历史系何晋教授所言："大学校园从来不是一个抽象、空洞的地方，它总有一些建筑、一些著名的景点、一些文物，留在我们的记忆当中。它们立体、丰满地构成了我们学生时代的回忆，也构成了大学的文化。"

作为一所至今已有一百二十余年历史的高校，北大校园里从不缺少景点与古建筑，每一处都诉说着比春花秋月更加动人的故事。

最出名的当数"一塔湖图"了，即使你从未到过燕园，也一定听说过未名湖和博雅塔的名号，甚至有"北大之美，在未名一湖"的说法。美丽的湖光倒映着塔影，无数大师曾在这里驻足，共同绘就了燕园中最美的图景。

未名湖这个名字的背后还有一则趣闻：1930年，国学大师钱穆应邀进入燕京大学任教，发现燕大的建筑多以美国捐资人姓名首字母命名，他对此表示非常不满，认为这些名字无法体现中国精神，应该改用中文名称。于是燕大特地为此召开校务会议，改"M楼"为"穆楼"，"S楼"为"适楼"，"贝公楼"为"办公楼"，其他建筑亦同。唯有园中的小湖，众多文人雅客竞相命名都没有被采纳，索性就叫"未名湖"了。

一个小湖的命名过程，竟也迸溅出独立自由的思想火花，足见这个园子里所蕴藏的世界，远比肉眼能看到的砖瓦更为广大。

眼底未名水，
胸中黄河月

///

燕园其实并不算大，但这小小校园却令莘莘学子魂牵梦萦，个中缘由，除了学术上的成就之外，还在于其所象征的精神。

北大的前身，最早可追溯至1898年创建的京师大学堂。这是中国近代第一所国立大学，也是最早以"大学"为名建立的学校，标志着中国近代高等教育的开端。这里人才辈出、大师云集，优秀的学者宛如颗颗璀璨的星辰，令人不住仰望，也指引着后辈前进的方向。

但一百多年以来，北大承担的使命早已远远超出教学的范畴。

这里曾是新文化运动的中心和五四运动的策源地，也诞生了中国最早的民主科学思想。在民族振兴、国家发展、社会进步等各个层面，北大都做出了无可取代的贡献。可以说，论及与国家命运关联的紧密程度，没有哪所学校可以与北大匹敌。

北大并没有官方正式认证的校歌，只有1952年迁入燕园之际所创作的一首《燕园情》，常常被人们误认为是北大校歌。虽无"名分"，但它振奋人心的歌词，写尽了青年学子的报国之志，激励着一代又一代北大人不断向前——

红楼飞雪，一时英杰，先哲曾书写，爱国进步民主科学。

忆昔长别，阳关千叠，狂歌曾竟夜，收拾山河待百年约。

我们来自江南塞北，情系着城镇乡野；

我们走向海角天涯，指点着三山五岳。

我们今天东风桃李，用青春完成作业；

我们明天巨木成林，让中华震惊世界。

燕园情，千千结，问少年心事，

眼底未名水，胸中黄河月。

如歌词中所言，"爱国、进步、民主、科学"的精神在这个园子里绵延不息，不管你怀着何种憧憬来到这里，都能在此找到精神的安放之处。

或许正因如此，每一个北大学子，无不对"北大人"的身份有着高度认同感，无论已经毕业多少年，心中仍旧留有解不开的"北大情结"。

自由灵魂的起点　///

从过去到今天，北大始终是国内顶尖的学府。这里汇集了高考严格筛选出的优秀学子，能够来到这里的都是佼佼者，成绩不再能说明一切。

在北大，你有更大的概率遇到比你优秀的人，在各方面感受被"碾压"的滋味，帮助你认清自己，将压力化作动力，不停奔跑，去追赶，去超越。

但这并不意味着你必须成为更"优秀"的那一个，在宣扬思想自由、兼容并包的北大，不缺少闪闪发光的简历，但也有甘于安稳现世的普通人。北大从不设限，给出了无数的可能性：有人潜心钻研学术，有人四处奔波实习，但也有人选择放弃优质工作机会去山村支教……北大教会我们，无论选择了什么样的道路，都可以拥有快乐而丰满的人生。

这里是我们自由灵魂的起点，希望多年后再次回首，能够无愧于未名湖畔的四载春秋。

报考须知

录取

● 将招生计划总数的1%作为预留计划，主要用于调节各地统考上线生源的不平衡及解决同分数考生的录取问题。

● 北京大学在非高考综合改革省份，按照理工类、文史类分类录取。在高考综合改革试点省份，按其高考改革方案相关规定进行录取。

● 北京大学根据各省（自治区、直辖市）生源情况确定提档比例，按照顺序志愿投档的批次，调档比例原则上控制在120%以内；按照平行志愿投档的批次，调档比例原则上控制在105%以内。北京大学在内蒙古自治区按分数优先原则（分数清）进行录取。

Ⓐ 外语语种要求

● 北京大学在录取提前批次的非通用语种考生时，按考生的投档分和专业志愿进行录取，不调剂。对于符合北京大学投档要求，投档分数相同且北京大学公布计划数不足时，按各省（自治区、直辖市）同分排序规则顺次进行录取，未录取考生予以退档。

● 非通用语种考生入学后不能转入非外国语言文学类专业。

Ⓐ 选测等级要求

● 北京大学在江苏省录取时，对两门选测科目学业水平测试等级最低要求为A+、A；强基计划、高校专项（筑梦计划）、高水平艺术团等考生两门选测科目等级最低要求为B、B；高水平运动队考生的学业水平测试等级要求按江苏省有关规定执行。

北京邮电大学
Beijing University of Posts and Telecommunications

如"邮"神助
是怎样一种体验?

◎文/何夕　受访者/Cheese　图/视觉中国 北京邮电大学官方微博

明光之北、蓟门之南,老城墙见证着永不消逝的电波,巍巍银杏守护着这片坚实的土地,低声述说着"传邮万里"的家国情怀……

互联网行业的
昨天、今天和明天

北京邮电大学，看名字就不难发现，这是一所以信息科技为特色、多学科门类齐发展的大学。凭借着鲜明的专业特色，北邮以压倒性的优势成为我国孕育信息科技人才的摇篮。

众所周知，国内IT界有三所顶尖学府，被称为"两电一邮"。而这独一无二的"一邮"，说的就是北邮。

从北邮成立的第一天起，它就注定与众不同。要知道，北邮是新中国第一所邮电高等学府，原名北京邮电学院，隶属于原来的邮电部，早在1960年就被国务院确定为全国重点高校。近年来北邮发展前景更是一片大好，就拿特色学科"信息与通信工程"来说，排名全国第一，"计算机科学"排名也进入全球100强。

这就难怪坊间常有"戏说"：20世纪80年代，广电靠北邮；90年代，通信设备商靠北邮；21世纪初十年，电信运营商靠北邮；现在的十年，互联网行业靠北邮。

上面这段话或许夸张了些，但是北邮的名声的确远扬在外。甚至有圈内人会这样讲——互联网行业的昨天、今天和明天，映射的就是北邮的过去、现在和未来。

如"邮"神助，
可不是开玩笑的

面临就业，技术重要还是机会重要？只有小孩子才做选择，我们当然是两个都要。

信息技术的发展冲击着人们的生活，也影响着世界的未来，北邮作为信息通信行业的中流砥柱，不断向各个领域输送着新鲜血液。

曾经有这么一个说法：在北京随便走进一家互联网公司，都能遇到几个北邮人。官方统计数据显示，北邮的毕业生在通信、信息领域广受欢迎，多年来就业率始终保持在99%以上，位列全国高校前列。中国移动、中国电信、中国联通、阿里巴巴、百度、华为等知名企业，都纷纷向北邮学子敞开怀抱。"邮子"们的就业形势一片大好，简直就是如"邮"神助。

北邮人才济济，其中不乏很多知名校

友。除了大家可能听说过的微软原总裁唐骏、中国电信原总裁兼COO冷荣泉、36氪创始人刘成城、拓词创始人薛淡等，还有不少地方省市的通信公司高管也毕业于北邮。

真可谓是海内存知己，"邮子"遍天下。

快来，
这里上网不要钱

///

问：在北邮读书是怎样一种体验？

答：也就是五道口沿线第一所拥有校园网无限上网流量的高校。

说到宠学生，北邮可是认真的。曾经的北邮虽然拥有教育网、电信、联通、移动四大出口，不过加起来的带宽不算高，学生们抱怨刷个网课视频都会卡，于是北邮一口气将带宽提到了原来的六倍！多方调试之后，再也不用担心在学校上网"冲浪"的速度不够了。

2019级的新生报到现场，北邮率先用起了"刷脸"系统，新生只需简单"刷一下脸"，就可完成全部的报到流程。北邮人，走在信息时代最前沿，从来不缺这种新鲜的体验。

不仅如此，北邮还是5G时代的新一线"网红"。2019年，北邮就联合知乎发起过主题为"科技共振之5G"的活动，邀请行业专家解答分享，满足了大家对5G的求知欲。

在这样一所又体贴又"时髦"的学校里，"邮子"们不负众望地成长着。从教三门前的树上摘一个黄澄澄的柿子，再跟室友一起讨论信道（指信号传输的媒介）利用率；约上师兄去北邮科技大厦，吃一顿让人魂牵梦萦的广式早茶，再去教研室奋斗到天亮……来到这里你会慢慢发现，学习成为深植于身体里的习惯。

除了过硬的知识技能、漂亮的竞赛成绩，北邮人更是将专业技术融入了日常生活的每个角落。班会测评谁的浏览器更快，团建一同剪视频，就连微信群名称也是格外硬核：今天帮师弟改代码了吗、北邮高数答疑群……

你想要的样子这里都有，既有担当，始终奔赴在祖国信息化建设的前沿；又有魄力，在"互联网＋"的潮流中勇往直前。学在北邮，就是在不停解锁校园新姿态，相信四年的北邮时光，可以让你交上一份满意的答卷。🌸

录取

- 对享受政策加分的考生，由各省级招办按照规定加分投档（不做分省计划的招生类型不适用）。在安排专业时，以考生不含加分的实际高考分数为主要录取依据，各专业志愿之间不设级差。

- 同一专业（类）录取时，若考生实际高考分数相同，依次优先录取有政策加分者、相关科目分数高者。

- 对于非高考改革省份，相关科目分数比较顺序：理工类专业（类）依次比较数学、理综，文史类专业（英语、日语专业除外）依次比较语文、外语，英语和日语两个语言类专业依次比较英语、语文。

- 对于北京、天津、上海、海南四个高考改革省（市），相关科目分数比较顺序：选考科目为物理的专业（类）依次比较数学、物理，不限选考科目要求的专业（类）（英语、日语专业除外）依次比较语文、外语，英语和日语两个语言类专业依次比较英语、语文。

- 对于浙江、山东两个高考改革省份，投档时将由所在省份招生考试机构按其相关规定直接投档到专业。

身体条件要求

- 根据专业（类）特点，色盲考生不能报考应用物理学和数字媒体艺术专业，不宜报考通信工程（大类招生）、电子信息类、计算机类、科技与创意设计试验班。

外语语种要求

- 根据各专业（类）培养要求，英语、日语专业只招收外语语种为英语的考生；软件工程、数字媒体艺术、电信工程及管理、电子商务及法律、物联网工程专业部分课程采用英语授课，建议非英语考生慎重报考；其他专业（类）不限外语语种。

报考须知

北京航空航天大学
Beihang University

造梦时代，
成就童年飞天梦

◎文/周睿智、阿May　图/图虫创意　北京航空航天大学官方微博

很多学校给人的第一印象是优雅、浪漫，而北航则显现出一种严谨。校内建筑大多方方正正，色调也以暗色为主，也许这是北航严谨务实的风格使然。

用脚步丈量
北航的每个角落

///

作为亚洲最大的单体教学楼——学校的新主楼是北航的象征。这座雄伟建筑被印在录取通知书上，是一座充满梦想和机遇的殿堂。这里有在楼中花园伴着朝阳晨读的少年，有在宽敞走廊讨论技术的创新团队，也有一笔一画写着板书传道授业的教授……他们从清晨到深夜，在这里收获自己的成长。

对学生来说，新主楼是学校最具归属感的地方。它的名字很朴实，符合"工科男"的一贯审美。当初建成时，因为北航已经有一栋主楼，它就被命名为新主楼，在楼前的空地上还有"新主楼"三个艺术字构成的雕塑。不仅是新主楼，北航其他建筑也是一样，宿舍、食堂、教学楼都以编号命名，甚至各个院系都是用一系、二系、三系这样的顺序编号来命名。

从这些细节处，你就能感受到北航这所学校的内在气质，务实、沉稳，不追求表面的浮华和浪漫，一心专注自己的事业。

从新主楼朝西北方向前行，便来到航空航天博物馆。这座在北航飞机结构陈列室、飞机机库基础上扩建而成的博物馆有"长空逐梦""银鹰巡空""神州问天""空天走廊"四个展，馆中珍藏有许多国家的飞机、导弹、发动机。馆内很多展品具有稀缺性，如"黑寡妇战机"，全世界仅存两架。

这里也是北航学生上航空航天概论课的"教室"，每个北航学生都会在这里听教授讲述每一件展品背后的故事。我们仿佛可以看见"鹞"式垂直起降战斗机、P-47D"雷电"、P-61"黑寡妇"曾经在蓝天上的风姿，似乎还能听见北航师生耗时100天将我国第一架轻型旅客机"北京一号"送上蓝天的欢呼。

在北航，无论你是否选择"航空航天"作为专业，都会对它怀有特殊

的自豪感，这是属于北航人的荣耀与责任。

如果说新主楼、至真大厦等灯火通明的高楼有如中关村、国贸般繁华，象征北航的现在与未来；那么来到学院路校区北边的教学区，则可以领略到一种温婉的岁月感，像是追忆北航的过去。这里曾作为电影《匆匆那年》的取景地，见证过陈寻和方茴的大学生活，它也在记录着一代又一代北航人的青春岁月。

教学区的一至四号楼、主楼、主M楼等多栋建筑由长廊连接起来，这也成为北航的一种建筑风格，在学校的新建筑中得到传承。教学区禁止汽车和自行车通行，除了上下课期间，这里都给人一种静谧的感觉。每逢秋日，整个教学区的地面会被金黄的落叶覆盖，踩在上面有一种松软的感觉。

这里有深红色的木质桌椅、地板和笼罩在斑驳树影下的长廊，学校努力维持当初的

模样，所以有些教学楼仍是几十年前的风格。你可以拿一本书，坐在窗边感受浓郁的历史感，仿佛穿越时空，回到刚刚建校时那个默默求索的时代。

北航许你 ///
空天报国的信念

　　来北航的人，通常都怀有空天报国的理想。

　　从这里走出的学生，多数会进入我国各类航空航天院所，为这项事业的发展贡献力量。其中有不少人从基层做起，逐渐成长为航空航天领域的领军人物。比如航空领域，歼15舰载机总指挥罗阳、C919总设计师吴光辉等，都是北航校友。再比如航天领域，"神州""天宫""嫦娥"等系列，这些成就背后也都有北航人的身影。

　　可以说，北航有足够的能力让你最大限度接近理想。

　　学校不仅是首批16所全国重点大学之一，入选了"珠峰计划""111计划""卓越工程师培养计划"等，还是"国际宇航联合会""中欧精英大学联盟""T.I.M.E.联盟""中国—西班牙大学联盟""中俄工科大学联盟"的成员。加入这些组织，也给学生带来了不少交流学习的机会。

　　比如，北航的"远航计划"每年都会提供大量校际学生交流、交换机会，加拿大、法国、德国、日本等国家都有北航学子的身影。特别是中法工程师学院，几乎全部同学都有出国交换或取得双学位的机会，交换时间从半年到两年不等，这些项目均免除学费并提供各种奖学金。

　　在校期间，北航会为广大学子提供"三个课堂"，第一课堂是知识课堂，它形成了通识与专业结合、科技与人文结合的课程体系；第二课堂是实践课堂，旨在同步增强学生的工程实践与社会实践能力；第三课堂是文化课堂，以书院及文化艺术教育场馆、国际化交流为载体，提升学生的人文素养和综合能力。

　　其中，第三课堂里提到的"书院"，指北航实行的书院制，即新生入学时不细分具体专业，由书院整体管理，入学一年后在与书院相关的学院范围内自主选择专业，入学两年后选择最终专业。目前，北航有士谔、士嘉、冯如、守锷、知行、致真等几个书院；部分书院名，是由北航建校元老的名字命名的，像士谔书院这个名字，就是为了纪念国际科学泰斗、北航八大建校元老之一的林士谔先生，他将一生都奉献给了航空航天事业。

　　在北航，因着这份空天报国的理想情怀，会有许多昂扬激情的时刻，值得被铭记。

　　虽然北京航空航天大学是一所为了发展航空航天事业而成立的学校，但北航的专业绝不局限于"航空航天"，前辈们踏实肯干的作风早已融入北航人的血液。深夜，灯火通明的新主楼、座无虚席的图书馆和通宵自习室、临近午夜从教学区回住宿区的人流，这一切都是北航的常态，也是无数北航人追求自己未来的方式。❀

报考须知

录取

- 在考生思想政治品德考核合格、身体健康状况检查合格并符合相关专业培养要求、成绩达到相应批次录取控制分数线，符合学校调档要求的情况下，学校依据考生投档成绩和专业志愿，由高分至低分顺序录取并分配专业，不设专业志愿级差。
- 考生分数相同时，优先按各省（自治区、直辖市）确定的同分排序细则进行排序录取；若相关批次无同分排序细则，则依次比较语文、数学、英语、综合（高考综合改革省份为三门选考科目总分）科目分数排序录取。
- 按照顺序志愿投档的批次，在第一志愿考生生源不足的情况下，将按照考生分数由高到低择优录取非第一志愿考生，直至完成招生计划。若符合条件的非第一志愿考生生源仍不足，将征集志愿。按照平行志愿投档的批次，未完成的计划将征集志愿。征集志愿仍不足可将剩余计划调剂到其他生源质量好的省份。

外语语种要求

- 学校英语专业、飞行技术专业要求外语语种为英语，德语专业要求外语语种为英语或德语，其他专业对外语语种均不限制。

选测等级要求

- 学校在江苏省考生学业水平测试选测科目和学业水平测试等级要求为：理科一门限选物理且等级不低于A，另一门限选化学或者生物且等级不低于B；文科一门限选历史且等级不低于A，另一门不限且等级不低于B。考生进档后按"先分数后等级"的排序办法安排专业。对相关特殊类考生的要求以学校公布的招生简章为准。

北京理工大学
Beijing Institute of Technology

这所"宝藏"大学，
越挖越有料！

◎文/大C　受访人/萌萌　图/北京理工大学官方微博

这里有时下最当红的"新工科"大势专业；这里的科学成就多到数不过来；这里的足球队踢进了职业联赛；这里的美食成了高校食堂的标杆；这里的学生颜艺兼具……这里是北京理工大学，能满足你对大学的每一种想象。

时下当红的
"新工科" 学校

///

最近几年，由传统工科专业升级而来的"新工科"，成了备受考生追捧的选项。相关专业和院校的热度持续上升，不论是名校还是普通大学，不论是理工类大学、综合类大学是还专业型大学，都开设了人工智能专业，云计算、机器人工程、智能制造等专业也很吃香。受此效应影响，北京理工大学这所传统理工强校逐渐走到了高校的前列，分数线也在逐步攀升中。

北理在人工智能、大数据、智能仿生机器人、激光制造、计算物理和凝聚态理论等方向，都有自己的优势。2019年新开设的人工智能、数据科学与大数据技术、智能制造工程3个专业，则分别纳入"信息科学技术"和"智能制造与车辆实验班"进行招生。在北理，还落成了由华为——泰克双创实践云平台提供技术支撑的全国首个新工科创新人才基地。可以说，北理的"新工科"布局相当完善。

其实在"新工科"这个标签之前，北理还有一个名头，那就是"军工"。

北理是"国防七子"之一，是我国第一所国防院校。学校里有不少军工类专业，通俗来讲就是研究大型武器的，听起来就很厉害！多年来，学校一直致力于国防科技研究，在精确打击、高效毁伤、机动突防、远程压制、火力指挥控制、军用信息和对抗以及先进材料和制造等技术领域代表了国家较高水平。

在庆祝中华人民共和国成立70周年阅兵式上，北理参与了多个装备方队、空中梯队的装备研制工作。在这之前，北理还参与了纪念抗战胜利70周年阅兵的17个地面方队和8个空中方队的装备研制工作，参与了建军90周年朱日和大阅兵中的8个作战群、29个方队的

装备研制工作……可以骄傲地说，北理在阅兵仪式中，参与的次数和深度位于全国高校第一。

科学技术
是学术信仰

///

北理的前身是"延安自然科学院"，那时候办学条件很艰苦，学校只有50多个窑洞、30多间平房，做实验的设备也很老旧，但这些外在因素毫不影响学生对科学的热情和专业技术水平的追求。受这种精神的影响，北理多年来也一直保持着精湛、强大的业务能力。

北理师生热爱发明创造，有十足的科学精神。如果你以为搞搞小发明只是"技术宅"在实验室里的自娱自乐，就小瞧他们啦！不信你看——

北理自主研制出了国际上首个集"摔滚走爬"运动于一体的仿人机器人；集成多项创新成果的纯电动汽车"畅行"极寒地区，为北京冬奥会助力；金属有机骨架化合物（MOF）材料成为高效阻挡PM2.5空气净化材料领域的新宠……微波雷达信号处理设备成为"神八"与"天宫"首次对接的核心

部件；首个"遥感卫星星上实时处理设备"，显著提升了我国星上遥感数据智能实时处理技术水平；"空间多指标生物分析仪器"圆满实现长征七号、天舟一号、美国龙飞船等三次空间飞行载荷，中国空间科学项目首次登入国际空间站；"北理工1号"成功发射，使宇宙中有了一颗来自北理的科学之星……

这些成就，让北理常常拿奖拿到"手软"。比如在2020年举行的国家科学技术奖励大会上，北理牵头的5项成果均获得国家科学技术奖，其中国家技术发明奖一等奖1项、国家技术发明奖二等奖2项、国家科技进步奖二等奖2项……此前的每一届，北理也是获奖常客。

这些奖项，既是对北理的认可，也激励着北理人在科学的道路上不断去突破。

理工人也细腻，
圆你向往的大学梦

虽然是理工大学，但北理可能会颠覆人们对理工男的"刻板印象"。因为这所学校审美好，主动吸收人文气息，对美食也有至高的追求！

北理的审美能力，从北理的招生网站上就能窥见一斑，理性之外，多了份科幻的感觉。至于校园，就是一块画布，随便找个角落，调上色后就成了一幅画。画上还有两只天鹅作为点缀，一黑一白，闲适地游走在北湖。

可能学校自觉"人文气息"是理工大学的先天"缺陷"，于是这些年也一直在有意识地弥补。比如，学校开设了"百家大讲堂"，邀请科学

家、企业家、政治家、文化艺术家、外交家等来校做报告，给学生滋补养分。学校里的社团活动也丰富多彩，戏剧（太阳剧社）、漫画（黑白漫画社）、篮球（突破者篮球俱乐部）、传媒（学生电视中心）、旅行（风信子自助旅行社）等领域都有你的发挥空间。

在北理，不得不提的还有一项活动，就是足球。北理足球队的实力常年霸据高校榜首，甚至在2007年就进军了中国足球协会甲级联赛。实力强到进军职业联赛，这对一个大学校队来说，十分不易。受到学校足球队好成绩的影响，北理整体的足球氛围也非常浓厚，常组织校内球赛。

这些活动也让北理的校园氛围十分活跃，学生不是"书呆子"，他们从实验室走出来，拥有快乐又充满活力的大学生活，展现着青春该有的色彩。

大学校园里，还少不了来自美食的慰藉。电视剧《微微一笑很倾城》里就提到了"庆大的牌子，北理的饭"，可以看出北理的饭是真的很好吃。

北理有一条食堂街，每走几步就能看到一个食堂，每个食堂里都有着来自全国的美食，重庆火锅、北京烤鸭、兰州拉面、柳州螺蛳粉……一众食堂中，最"豪华"的是二

食堂，这里有散座、卡座和大桌，全天营业，能用菜单点菜，所以渐渐成了北理人"请客专用"的场所。除了食堂，北理校内甚至还有菜市场和咖啡厅，尤其是菜市场，这在高校里实属罕见。

可以说，好吃、好玩又好学，是多数北理人大学四年的缩影。感谢北理一路相伴，那些关于青春的回忆，早已融入大学期间所学的知识里。毕业后，带着北理给予我的温暖行囊，我也将走向属于自己的远方。

报考须知

招生计划

- 根据各省（自治区、直辖市）的招生计划和考生情况确定提档比例，提档比例一般控制在招生计划的120%以内。录取时学校将对部分生源质量好的省份适量增加招生计划。

录取

- 在思想政治品德考核和身体健康状况检查合格，符合北京理工大学投档要求的情况下，北京理工大学依据考生投档分从高分到低分顺序录取并安排专业，各专业志愿之间不设级差。

- 考生投档分整数位相同时按相关科目排队择优确定专业：文史类考生依次比较语文、数学、文综、外语，理工类考生依次比较数学、语文、理综、外语；各科目分数均相同时，根据其专业志愿同时录取。

- 浙江省、山东省考生由相应招生考试机构按其有关规定直接投档到专业。北京市、天津市、上海市、海南省考生由相应招生考试机构按其相关规定投档；投档分整数位相同的考生安排专业时参考相应招生考试机构同分投档的规则执行。学校招生专业无男女生比例限制。学校在全国部分省份实施满足考生专业志愿的优惠政策。

外语语种要求

- 会计学（中外合作办学）专业为中、英两校联合办学，非英语语种考生需谨慎填报；艺术类限英语语种考生报考；其他专业高考外语语种不做限制。

身体及其他限制

- 色盲和色弱考生不能录取至理学与材料菁英班；不能准确识别红、黄、绿、蓝、紫各种颜色中任何一种颜色的导线、按键、信号灯、几何图形者不能录取至理学与材料菁英班、经济管理试验班；不能准确在显示器上识别红、黄、绿、蓝、紫各颜色中任何一种颜色的数码、字母者不能录取至信息科学技术。

中国传媒大学
Communication
University of
China

你的每件小事，
学校都放在心上

◎文/Simba　图/林嵩　风致风致呀

"在传媒行业的'黄埔军校'，我们拥有独立的思想和自由的灵魂。"

欢迎光临 ///
"海底捞大学"

中国传媒大学有一个响当当的名头——"海底捞大学"。别误会，这并不是说我们学校跟那家连锁火锅店有什么合作关系，也不代表我们个个都是爱火锅的吃货。之所以会有这个亲切的外号，是因为中传很注重学生的意见，学生提出的问题会在第一时间得到解决，像海底捞火锅店一样，能给你贴心的五星级服务体验。

就拿中蓝女生公寓附近的天桥来说，中蓝公寓和教学区之间相隔着定福庄东街，这是校外的一条公共道路，以前女生们在宿舍区和教学区之间往返，需要绕很远的路。学校为了保障女生的安全，同时解决绕路麻烦的问题，直接在校内修建了一座过街天桥，一头连着女生的宿舍区，另一头连着教学区，大大方便了学生的通行。考虑到天桥一端和女生公寓距离较近，学校还在天桥边竖了一块大牌子，写着"23点之后，禁止男士通行"的字样，实在是非常贴心了。

当然，校内天桥只是我们"海底捞大学"众多福利的冰山一角。很多学生有时赶着上课会踩草坪抄近路，学校不但没有阻止大家，反而直接在草坪上铺上了石头小径，让大家正大光明地走近道。如果宿舍里东西坏了，甚至你有任何看不顺眼的地方，都能随时申请上门免费维修和更换。

最有趣的是，朝阳区有个商场叫大悦城，我们依葫芦画瓢，戏称学校的图书馆是"大阅城"，没想到学校听说之后，直接在图书馆门口立了块大石头，上面就刻着"大阅城"。学校书记田维义开通了微博，学生有任何事都可以在微博上@他，问题很快就能得到解决，现在去微博上一搜，还能看到学生们发布的连不上校园网或是救助流浪猫狗等各种消息。

中传就是这样一所以人为本的可爱学校，在这里，学生的每件事都不是小事。

这里的明星多到 ///
见不完

追星族们为了见自己的偶像一面，经常得花钱买票，甚至还要长途跋涉去到另外一个城市。但在中传，你不用去"追"星，明星们会主动来到这里让你看个够。

在中传，偶遇明星的机会简直不要太多。各种剧组的见面会、话剧演出、艺术展演、明星专访层出不穷，以前只能在电视和电影里看到的面孔，现在就站在你面前：周润发、高圆圆、周星驰、撒贝宁、陈坤、大张伟、杨澜、冯巩、毛不易……可以说，几乎没有我们见不到的明星，"中国追星大学"绝不是说说而已！

刚入校的时候，我还会因为偶遇明星兴奋不已，时间长了，见的明星也多了，慢慢就习惯了。更何况，还有很多明星就是我们的同学或老师。

从中传走出了许许多多的名人，既有"金龟子"刘纯燕、陈鲁豫等知名主持人，也有胡可、马思纯、张紫宁等演员和"爱豆"。有一些已经离开母校，还有一些仍然留在这里，比如《吐槽大会》上说着经典台词"吐槽是门手艺，笑对需要勇气"的主持人张绍刚，他的另一个身份就是中国传媒大学的副教授。

除了人人都能叫得出名字的明星之外，我们学校还有许多老师都是传媒行业内的"明星"，他们有着丰富的经验见识，会在课堂上分享行业最前沿的动态和技术，也会利用自己的业界资源，让我们有机会参与到一线的实践中去，做策划、跟剧组、剪片子，我们完成的不仅仅是作业，也是饱含心血的作品。

在中传，你也有机会过一把明星瘾，除了大大小小的活动、比赛、盛大晚会，许多学院毕业的时候还有红毯环节，毕业生们换上西装、礼服，缓缓走过红毯，周围此起彼伏的快门声见证着他们璀璨夺目的时刻，恍惚间，真的有戛纳电影节的既视感！

明明可以靠颜值吃饭，
偏偏要靠才华

中传学生的颜值，放在全国高校都排得上名次。毕竟这里有很多学生毕业之后可是要站在荧屏一线"靠脸吃饭"的。但别以为我们都是花拳绣腿，很多人已经拥有了漂亮脸蛋，偏偏还多才多艺。

中传作为传媒行业的"黄埔军校"，不仅有成熟的学生电视台、价值千万的转播车，还有传媒博物馆和广告博物馆，各种价值昂贵的设备也都可供学生使用。在这样的环境里，几乎人人都会摄影、PS、剪片子、策划晚会。

但每个人又拥有自己独特的色彩：有的人大三就成为湖南卫视的导演；有的人拿到舞蹈十级证书，组建了自己的舞团；有的人靠着精湛的游戏技能，跻身世界排行榜前500名……

每年毕业季，中传动画专业的毕设作品也都会"喜提"热搜，才刚大学毕业的学生，已经能够制作出打动人心的深刻作品，前两年那部国风动画《识途》现在还躺在我的收藏夹里，"骗"去了我不少眼泪呢！

虽然中传作为一所行业特色型院校，学术氛围可能不如一些综合性大学那么浓厚，但这里的校风更加自由、更重实践，学校鼓励学生在各个领域开拓自己的眼界、寻找自己的方向。学校只是为你提供广泛的知识和平台，你想学什么、做什么，由你自己去选择和摸索。

我在这里学会了独立，也找到了属于自己的方向，带着学校传递给我们的勇气和信念，一路向前，无所畏惧。

报考须知

📋 提档

• 学校在提档时，原则上承认省级招办报教育部备案的全国性加分项目，但录取时以不含任何加分的实际高考成绩（以下简称实考分）为准。所有高考加分项目及分值不适用于不安排分省分专业招生计划的招生项目。实考分相同的情况下，优先录取享受加分政策的考生。考生实考分须达到相应批次录取控制分数线。

🎓 录取

• 对于符合学校录取标准的考生，学校按照实考分排队顺序进行录退。确定考生录取专业时，根据考生填报的专业志愿设定专业志愿级差，第一、第二专业志愿之间不设级差，第二、第三专业志愿之间的级差为3分，第三专业志愿以后的专业志愿之间不设级差；所有已投档考生按实考分排队，按照考生专业志愿和各专业招生计划数从高分到低分顺序录取。

• 在实考分相同条件下，优先录取有政策性加分的考生。若均无政策性加分，文科考生依次按语文、数学、外语、综合科目成绩排队录取；理科考生依次按数学、语文、外语、综合科目成绩排队录取；对于高考综合改革省份，按照相应省份提供的同分数排序规则进行录取。

Ⓐ 外语语种要求

• 外语类专业只招英语语种的考生。报考学校外语类专业和国际新闻与传播专业的考生若所在省级招办组织外语口试，须参加口试且成绩合格。其他专业不限制考生应试的外语语种，但学校的公共外语课只开设英语课程。

北京第二外国语学院
Beijing
International
Studies University

外交家与翻译官
的摇篮

◎文/任年璐 图/司雨珩

1964年，周恩来总理提议创立了北京第二外国语学院，所以，每一个二外学子都会特别骄傲地说出："我们学校是周总理创办的！"

作为外交部指定的"外交官遴选"定点院校之一，二外成立至今培养了大量优秀外交官。如果我们毕业后有机会去外交部工作，那么大概率会碰到学长学姐，大家都是二外人！

而且，学好语言不仅可以为我国外交事业做贡献，也有机会在对外文化传播以及新闻传媒等领域取得斐然成绩，看看优秀的学长学姐们就知道了：凤凰卫视著名记者、主持人周轶君，央视著名阿语主持人张博，新华社战地记者郑一晗，世界旅游联盟秘书长刘世军等。如果你希望自己未来像他们一样，那你可以选择二外的"双学位"计划：语言+特定学科，"抱走"双学位，天下任你闯！

国际化舞台，学子们的新起点

全国开设语言类专业的学校有很多，在二外学语言和其他学校有什么不同吗？

来看看二外的成就：二外的日语学院和旅游管理学院排名常年位居全国前列，阿拉伯语、德语、俄语、西葡语、法意语、朝鲜语、翻译、国际汉语教育等专业位居全国前五！在麦可思中国高校就业薪酬排行榜中，2009—2013年二外均列非"211"大学前5名，全国高校前20名；在《新周刊》就业能力排行榜中，2010—2012年二外分别排在第11、9、10位。

二外近几年更是成就斐然：入选中国政府奖学金来华留学生接收院校、国家级大学生创新创业训练计划。二外是国际大学翻译学院联合会成员（全国仅有四所大学）、中日人文交流大学联盟成员、全国旅游职业教育教学指导委员会秘书处所在地、中国旅游协会旅游教育分会会长单位和5G商贸化联盟发起单位。

如果看到这些还觉得不够，那你再来看：二外自建校以来，已与世界各地百余所高校和教育机构建立了良好的长期交流合作关系，年均赴外留学学生有300多人！走在二外的校园里，随便拦住一个二外学子询问，他们都可能已经或者即将在另一个国度生活、学习。

以我所在的中东学院为例：2019年，中东学院希伯来语系和波斯语系全体同学赴外留学，阿拉伯语系十余名同学赴外留学，一半以上的赴外同学获得国家留学基金委员会奖学金或北二外公派留学奖学金。此外，二外每年还会颁发校级奖学金、励志奖学金、境外奖学金等，只要你够优秀，奖学金会拿到手软！

作为一所国际化的学校，每年从世界各地来二外交流学习的外国留学生有1000多人。在二外校园里，你可以在操场和阿根廷小哥踢足球；也可以去法语系找一个帅气的法国小哥做语伴；你以为站在你旁边的是一个中国女生，但其实她可能是来自韩国或者日本的小姐姐。

学在二外，乐在二外 ///

二外学习风气甚浓，同学们刻苦用功、发奋读书，最常说的话是："约一波自习吗？"图书馆和自习室经常人满为患。在教学楼走廊上随时可以看到认真背诵单词和课文的同学，走过一条走廊可能同时听到几种不同的语言，仿佛横跨了整个世界。

学校每周都有各类讲座，从时政前沿到人文社科，包罗万象。来举办讲座的都是大咖级人物：名校教授、外国专家、各国大使。

二外还有丰富多彩的活动让你目不暇接！来看看社团联合会的"飞越霓虹"和"无冬之夜"晚会，众多明星倾情助阵！想做志愿者？二外的国际志愿中心承办了北京各类大型活动赛事，在中非合作论坛、G20峰会、"一带一路"高峰论坛、北京国际电影节、北京亚洲花样滑冰赛等活动中均可以看到二外志愿者的身影。

此外，频频上热搜的"网红标哥"——计金标校长也会经常和大家一起参加活动。比如PK英语词汇量、奥林匹克公园长跑等等，同学生共成长。

有人说二外校园小，其实二外是"小而精、小而美"。在二外，各类商店、超市应有尽有，不出校园就可以搞定生活所需的一切；在二外，随处都是风景，随手一拍都是风景大片；在书影时光咖啡厅，学习之余，喝一杯咖啡，点一份甜品，享受午后慵懒而温暖的气息；秋日清晨，走在银杏道上，看落叶纷飞，听鸟儿清唱，约上三五好友，林荫漫步，共同留下一张张美好的回忆……二外，将会成为你青春记忆中，最华美动人的篇章。

报考须知

录取

- 在实行平行志愿投档的批次，学校调阅考生档案的比例不超过招生计划的105%，符合学校招生条件并且服从专业调剂的考生进档不退；在实行顺序志愿投档的批次，学校调阅考生档案的比例不超过招生计划的120%。对有明确投档比例规定的省（自治区、直辖市），学校执行省（自治区、直辖市）有关规定。
- 学校在专业录取时不设专业志愿级差，采用分数优先原则录取。
- 所有专业录取均参考外语单科成绩。其中英语、商务英语、翻译、北京市"外培计划"专业要求英语笔试单科成绩达到良好，其他专业外语单科成绩一般需达到及格线。
- 北京市"双培计划"金融学专业要求数学单科成绩达到良好。
- 在高考实考分数相同的情况下，优先录取相关单科成绩较高、获得省级以上奖励，以及有艺术、体育特长的考生。

Ⓐ 外语语种要求

- 英语、商务英语、翻译专业和北京市"外培计划"专业只招英语语种考生。其他专业不限语种。
- 学校非外语类专业的公共外语为英语，部分专业课教学采用中英双语教学和英文原版教材，请非英语类考生慎重报考。如自愿报考并被录取，须按学校要求修习英语学分和有关专业课学分。
- 除考生所在省级招生考试主管部门不组织高考外语口试及受疫情影响取消高考外语口试外，所有报考学校的考生均需参加外语口试且成绩合格。

首都师范大学
Capital Normal University

初心润师心，
灼灼芳华

◎文/归寻　图/首都师范大学官网

首都师范大学的校训是"为学为师，求实求新"。既为学又为师，这是一所师范类大学最真实的写照；既求实又求新，这是师范人在教育行业中最踏实的追求探索。每个首都师大的学子，都会带着这份信念，走向每所学堂、每间教室。

厚积薄发，
砥砺前行

///

我刚来首都师范大学时，它还是一所普通的双非院校，后来适逢高校调整，学校就去给我们挣了一个"双一流"的名号。

拿到"双一流"不是个偶然事件，所谓"好运气"的背后，是绝对的实力，是厚积薄发的魄力。

作为中国十大师范大学之一，首都师范大学的教育学、历史学、文学、数学和音乐等学科专业都比较强势，一直在发展赶超中。

2017年，教育部进行了第四轮学科评估，这次评估也给我们带来了振奋人心的消息：一共有22个学科上榜，其中A类学科5个，这个成绩超过了陕西师范大学、华南师范大学和湖南师范大学这三家老牌师范类院校。

取得这个好成绩，与学校稳扎稳打、积极进取的氛围密不可分。尤其是首都师范大学和北京师范大学同处北京，压力可想而知。所以当我们学校刚入选"双一流"时，学校的官网上就挂出一则这样的新闻——《这所"潜伏"多年的师范类院校，入选"双一流"终正名》。这篇报道里，提到了"在北京师范大学强大光芒的掩盖下，首都师大在很多地方不为人熟知"，讲述了首都师大多年来努力发展的历程。

学校能入选"双一流"，确实是众望所归。

育人，
发生在校园的
每个角落

///

首都师范大学，号称"北京市中小学教师生产基地"，它不仅育人，也通过教师这份神圣职业，点亮了祖国的未来。

育人，不仅仅是对内教学。首都师范大学作为北京市属高校中唯一一所教育部授予的来华留学示范基地、教育部中国政府奖学金本科来华留学生预科教育基地，还入选了北京市首批"北京华文教育基地"，承担起了对外教学的责任。

就是在这些学院里、课堂上，更多外国人开始了解中华文化。

育人，是首都师范大学一以贯之的原则。很多时候，育人不仅仅是指课堂上的专业教学，它还融入在校园文化里，通过一个个活动，让学生在课后的"第二课堂"，得到全方位的成长。

所以我的大学校园生活，确实如原先所向往的那般，充满青春活力。

本部的夏晨广场、北一图书馆前和良乡的"校训琼"等地，时不时都会有社团或学生会组织的各式各样的文体娱乐活动。

如果你想在学习之余放松一下，这里有古风音乐社、汉服社、吉他社、轮滑社、天文社、哝天剧社等社团，能满足你的不同喜好。

想通过比赛挑战自己，也有很多机会。学校里有诸如辩论赛、读书交流会、主持人大赛等活动。

不过对于师范大学来说，最具特色的还得是教师风采大赛。比赛由教学经验丰富的教师们担任评委，各院系通过初赛选出精英选手入围校赛，再通过板书、备课等考查教师基本功，最终以面授讲课的方式进行评比，选出优胜者。

不论是师范生还是非师范生，在走上讲台的那一刻，都怀揣着对教育事业的向往，希望在三尺讲台吐露我们这一代的芬芳。

温柔也有温度 ///

首都师范大学是一所充满温情和人文气息的学校。

它为寒门学子的读书梦留出一方天地，不仅有"绿色通道"和助学贷款，还有助学金、生活补贴和奖学金等各类补助和奖励。

它为学生的身体健康提供保障，公费医疗90%的报销额度，减轻了学生在医疗方面的开支。

它关注学生的心理健康，心理咨询中心有免费的专业心理服务，可以帮助我们排解忧愁。

为了提升全校师生的艺术修养，学校给我们提供各类艺术演出门票，国家大剧院、国家话剧院、开心麻花团队等都有福利票赠予我们，甚至会到学校进行专场演出。

可以说，在生活的各个方面，首都师范大学都为全体师生提供了全面有效的保障。

学校以温柔的怀抱，温暖着每一位首都师大学子的心。

"北一的姑娘，北二的郎，本部的夏晨是广场，年年梧桐落花香，留不住有你陪的时光"。来这里吧，首都师范大学给你追梦的机会，不是说说而已！🌱

报考须知

录取

- 录取时，进档考生以高考实考分和专业志愿为录取依据，采取分数优先的方法确定专业，不设专业级差。在实考分相同的情况下，优先录取有政策性加分的考生；在政策性加分相同的情况下，优先录取相关科目成绩高的考生，相关科目比较顺序：语文、数学、外语。
- 录取时往届生与应届生一视同仁。

收费标准

- 文理科专业5000元/年；外语类专业6000元/年；艺术类专业8000—10000元/年；师范类专业免收学费。学校将根据住宿条件的不同收取不同标准的住宿费用，一般为每学年650—900元。以上费用标准以2020年北京市教委审核结果为准。

专业调剂

- 根据考生分数从高到低调剂到招生计划尚未完成的专业，直至录取额满。考生填报的专业志愿全部是非师范专业者，只在非师范专业范围内调剂；考生填报的专业志愿中有师范专业者，则在师范和非师范两类专业范围内调剂。

师范生要求

- 报考师范类专业的考生应符合《北京市教师资格认定体格检查标准（试行）》，如有不符，不能录取到师范类专业。
- 师范生入学前，须与学校和本市教育行政部门签订《北京市师范生公费教育协议书》。
- 师范生毕业时在全市基础教育系统双向选择就业，毕业后须从事本市中小学、幼儿园教育教学工作（含教育行政及相关部门审核注册的中等及中等以下的学历教育机构）满五年以上。师范生若违反教育协议，需要缴纳在校期间的专业奖学金和培养费用（含免缴的学费、取得的生活补助等），具体标准参照相关文件执行。

北京语言大学
Beijing Language and Culture University

来五道口玩转
"小联合国"

◎文/其美先生　图/其美先生

有人这样形容："在北语，呼吸的是法国的浪漫，感受的是巴西的奔放，体会的是中国的古典。更重要的是，这里有得天独厚的外语学习资源和优势。"

标签掩盖不住的光芒　///

说起北京语言大学的时候，我总是有一些复杂的感触。这种感触在今天——在北语生活了一年多以后更加深刻了。

北语是教育部直属高校，也是一所国际化程度极高的学校，培养了许多外交人才。从排名来看，我校的汉语国际教育专业排名全国第一，我所就读的汉语言文学专业也位列全国前11%。我们拥有国家汉办的专业研究室，我们还会给全国的对外汉语水平考试出题。

尽管北语并没有"双一流"标签在身，但璀璨的光芒依然很难被掩盖。上课的时候，老师们总拿这事儿开玩笑。但他们也常说："虽然我们什么名头都没有，但我们认认真真做事，认认真真读书，读书人，要那么多名头干什么"。

这是我最喜欢北语的一点，特别是在北语学中文。大家都由内而外散发着一种儒雅之气，没有追名逐利，不争不抢，安静读书。

之所以能有这样的氛围，北语的老师们起到了很好的引领作用。让我印象深刻的是，每一次期中作业，我们的文学史老师都会手批所有的论文，并且在上面标清楚这篇论文的优点、不足，以及可以改进的地方。在电子信息如此发达的时代，北语的老师还会如此严谨细致地校正每一份作业，坚守这种传统朴素的交流方式，着实令人感佩。

北语不乏这样的老师。譬如前阵子获得茅盾文学奖的梁晓声老师，几十年里坚持笔、纸创作，写出了几百万字的手稿；还有老师坚持上课手写板书，一堂课下来落得满身粉笔灰。我想，坚持手写代表着一种认真教学、认真对待学生的态度，是一种师生之间最纯真的互动。也正是这份认真，让我们逐渐褪去浮躁，学会沉下来用心读书、做学问。

不出校门就能　///
体验各国文化

有时候我们会笑称北语是"宇宙中心"五道口最具贵族气质的学校。我们不仅学得稳，还能玩得好。每年学校都会举办各种各样的学术类活动——汉字风采大赛、英语口语大赛、人文知识竞赛、商业精英挑战赛等等，让我们未出校门就能把学过的知识应用起来，明白它们不只是枯燥存在于课本之上。除此之外，我们还有中外学生歌手大赛、世界文化节等高质量且丰富多彩的文艺活动。

值得一提的是，世界文化节是最能代表北语的活动。来自近百个国家和地区的学生们欢聚一堂，彼此交流，这是北语国际化水平的最好写照。你可以在这里体会到来自世界各地的不同文化，感受到不同的风情。

在北语生活的这一年多里，我最大的变化就是包容度提高了，这很大程度上得益于北语的国际化氛围。在这里，各种文化、风俗和谐相处，相互包容。能在北语读书，我感到很幸运，也得到了全方位的成长。

得天独厚的
外语学习资源

///

近几年，学校严抓学风建设，上课时有督导组督促教学质量，下课有导师答疑解惑，所有的课程都计入成绩，考试纪律的严厉程度堪比高考。我曾看到快毕业的学长学姐跟老师一起苦苦修改论文，也见过老师的办公室里排满前来请教问题的学生。

在这样浓厚的学习氛围之下，北语的四六级通过率在90%以上，甚至大部分同学都通过了专四的考试，这得益于北语对于英语课的高度重视。虽然我是一名中文系学子，但我们也有经典阅读、视听说等多种多样的英语教学活动，每周上的英语课是其他学校同专业同学的三倍。

北语的人文社会科学学部、外国语学部、语言学系、信息科学学院、国际商学院、语言康复学院、艺术学院等面向本科生招生。汉语言文学专业和汉语国际教育专业都隶属于人文社会科学学部。所谓学部，也是北语的一个特色所在。学校把一些专业相似、相通的学院整合成一个学部，非常好地促进了各个专业之间优势资源的互通，让每堂课都能创造最大的价值。

作为"小联合国"，这里有得天独厚的外语学习资源和优势。身处"学院路共同体"，你还可以共享北京高校的优质资源。在这里，你收获的不仅仅是知识，还有全球化的视野、包容开放的胸怀和北语人独有的气质与情怀。

录取

• 专业录取时，按照考生实考分排序，先安排可满足专业志愿考生的专业，再安排专业志愿调剂考生的专业，专业志愿不设级差。学校将根据生源状况适量调整招生计划。

• 实考分相同的情况下，依次优先录取有政策性加分的考生、高考相关科目分数高的考生。相关科目分数比较顺序为：报考外国语学部、人文社会科学学部、艺术学院相关专业的考生，依次参考外语、语文、数学成绩；报考信息科学学院、商学院、语言康复学院、语言学系相关专业的考生，依次参考外语、数学、语文成绩。若排序顺序完全相同，学校将使用预留计划录取。

外语语种要求

• 统考外语语种为英语的考生，可报考所有外语专业；统考外语语种为法语且具备良好英语水平的考生可报考翻译（本地化）、翻译（汉英法）专业。英语、翻译（英语）、翻译（本地化）专业入校后第二外语可选修日语、西班牙语、法语、德语。其他专业入校后第二外语均为英语，可选修日语、西班牙语、法语、德语等第三外语。非外语专业部分专业课为英语授课。所有学生应按学校培养方案中课程设置规定完成学习任务，取得相应学分。

成绩要求

• 学校除汉语言文学、计算机类、艺术类专业外，报考其他专业均要求考生参加高考外语口试且成绩达到合格及以上（未组织高考外语口试的省、自治区、直辖市除外）。

• 报考英语（英西复语）、日语（日英复语）、土耳其语（土英复语）和翻译（汉英法）专业，应具备较好的英语水平。

北京建筑大学
Beijing University of
Civil Engineering and
Architecture

坚持做一件事
很幸福

◎文/hoo 图/胡仁瀚 北京建筑大学官网

北京建筑大学有两个校区。一个在西城区，如今这里主要是建筑学院的扎根地，校区临近北京展览馆、天文馆、动物园，地理位置优越。另一个校区在大兴，虽然新了点，但建筑现代化，图书馆、体育馆都是超大体量。就是在这样的校园里，正在发生一个个逐梦故事。

职业级玩家，
专注建筑不动摇

///

北京建筑大学是一所年轻又古老的学校，说它年轻，是因为2013年它才从"北京建筑工程学院"正式更名为"北京建筑大学"；说它古老，是因为学校源于1907年成立的京师初等工业学堂，算算也有过百年的历史了。

虽然在建筑圈名气最大的是分数线一个赶超一个的"建筑老八校"，但单论建筑这一行，我们学校也打出了自己的名声，尤其是在北京。作为北京地区唯一一所建筑类高校，还是北京市与住房和城乡建设部的共建高校，北建大的学生毕业后很受相关企业的欢迎，踏踏实实凭专业实力筑起万丈高楼。

一所合格的建筑类大学，一定得够专、够精。

我们学校的各个学科基本上都是围绕着城市建设而开设的，12个一级学科里，有7个学科是完整的土建类一级学科，这很难得，目前只有同济大学、东南大学和我们学校才拥有这样的配置。

这充分印证了它的建筑特长，也是北建大能在首都建筑行业长期立足的一个重要原因。

校友名单里，也不乏具有影响力的名人，比如核工业基地建设奠基人赵宏、中国工程院院士张在明、蜚声国际的建筑师马岩松、全国工程勘察设计大师刘桂生等人，他们都曾为国家建设立功。

王牌专业
互相"嫌弃"
又难舍难分

///

学校里名气最大同时实力最强的两个专业，是建筑学和土木工程。这么说或许有点自大的嫌疑，但这也是得到大多数人认可的。

这两个专业都开设有实验班，实验班顾名思义就是"不一般"，学校会往这些班级投入更多资源，比如建筑学实验班又叫"大师实验班"，老师都是大师级，由学校主管教学的校长领衔，国内外知名建筑设计师和学院里的骨干教师都在教师团队里。授课方式是老师带领学生，以一学期或半学期为周期完成一个建筑设计这样的实践教学为主。还有大师班暑期游学团、大师班交流工作坊、实地考察国内外大师的作品、组织参加国际设计竞赛等活动。

作为学校的两张王牌，这两个专业总是彼此"嫌弃"，又离不开对方。

建筑学的同学嫌弃土木工程的同学身在"五环的农村"，土木工程的同学"嘲讽"建筑学的天天通宵。不过建筑学的同学确实羡慕土木工程系所拥有的那一眼看不到头的大操场，想一想，傍晚时分沐浴着夕阳，漫步在操场，真是浪漫无比。好在西城校区地理位置优越，寸土寸金，多少也弥补了这种遗憾。

虽然分处两个校区，但这两个专业的同学却常在一起参加学术活动，比如寒假的国外交流活动、谷雨杯竞赛等，相隔虽远，但见面也是经常的事儿。未来工作上的联系就更紧密了，常常是"建筑师设计房子，土木工程师盖房子"，又成了甲乙方的关系，难舍难分。

除了这两个专业，北建大的建筑环境与设备工程、给水排水工程、工程管理、测绘工程、自动化等专业实力也都不俗，当你走进它，会体味到各自的精彩。

建筑师日常：
熬夜冠军，画图王者 ///

作为各大榜单里熬夜最多的专业之一，建筑学类专业的同学在熬夜方面一直遥遥领先。医学专业、计算机专业的同学都被我们远远赶超。

熬夜是熬不完的夜！画图是画不完的图！

比如我这学期基本上是"今天布置完任务，开始设计，然后第三天一早交五个不同概念的模型"的节奏，从发布任务到完成初步设计只有一天半的时间。除了本身任务量极大以外，还有一个原因是，在建筑学里从来没有所谓正确的标准答案，就好像你无法评判莫奈和达·芬奇谁的画更好看一样。

为了让自己的设计比其他同学更优秀，让自己的图纸更好看，让设计的细节更充分，学建筑的学生往往一边看着自己日益稀疏的头发叹气，一边拼命熬夜。

不过，累但也快乐着。

建筑学可能是我校所有专业里唯一一个有固定教室、固定工位以及固定同学的专业。在夜深人静的夜晚，你能用配置最好的电脑（其实是用来画图的）在教室里和你的同学一起"开黑"。比起其他专业一学期下来可能还叫不出几个同学的名字，建筑学专业的同学情谊往往更加深厚。

因为他们一起奋战，一起撸串，甚至一起在一间教室里睡觉，这样的情谊很难得。

北建大虽不是"双一流"，但它是建筑圈子里一所还不错的学校，早已通过了全国高等学校建筑学专业教育评估，并且7年评估一次。这个评估的间隔时间越长，证明这所学校的建筑学水平越高。

北建大虽然不完美，但聚集了一群建筑充满热情的学子。在这里，大家不会麻木机械地学习，而是为了心中同一个梦想共同努力。🌱

报考须知

录取

- 分数优先，遵循志愿，不设专业级差。
- 认可各地加分政策，加分到分专业。
- 高考综合改革省（市）（北京、上海、浙江、天津、山东、海南）：在投档成绩相同的情况下，城市管理（实验班）、工商管理、法学、法学（国际工程法实验班）、社会工作五个招生专业依次比较语文、外语、数学、选考三科总成绩；其他专业依次比较数学、语文、外语、选考三科总成绩。
- 其他省（自治区、直辖市）：在投档成绩相同的情况下，依次比较文综/理综、数学、外语分数。
- 考生提档后无特殊情况均不退档。
- 所有专业入学前后均无美术加试。
- 所有专业均不设男女生比例限制，体育、艺术等特长生在同等情况下优先录取。

选测等级要求

- 对于江苏籍普通类考生，学校录取采取先分数后等级的方法，选测科目等级要求为B+、B及以上，必测科目要求全部为C及以上；对于内蒙古籍考生，学校实行分数清录取规则。

招生专业说明

- 给排水科学与工程（中美2+2联合培养）项目将在录取后进行二次选拔，选拔条件为英语单科成绩不低于110分。
- 北京地区外培计划各招生专业要求英语单科成绩不得低于105分。
- 按大类招生专业入学一到两年后按照专业志愿填报顺序和综合成绩排序分别进入相关专业学习。

中国人民大学
Renmin
University of
China

把梦想塑成
最好的模样

◎文/蜜糖　图/心玥　中国人民大学官方微博

那年盛夏，知了在杨树上扯着嗓子叫嚣，装录取通知书的袋子被我扯开一个角紧紧搂在怀里，仿佛里面装着一个全新的世界。我从高中的住校生涯和漫天的考卷中解脱出来，推着行李箱走入这片渴望的天地。

不用再被老师逼着学习，不用再深深埋在无边的题海里，可以在社团里尽情施展才华……过来人在耳边为年轻的自己描绘出一个天堂般的大学生活，我们就像是刚从动物园的铁笼里被放归山林的飞禽走兽，扑棱着翅膀，磨着爪子准备重新找回自由。

那时的我们对于大学全部的渴望，大概就是无拘束的生活，我们以为会在这片广阔的草场里奔跑，直到变成卸下缰绳的野马。可四年的生活并未造就这样一群"疯子"，相反，我们在漫长的自由里舍弃了浮华和年轻气盛，遇到了那个更加真实和美好的自己。

上帝为你推开一扇门，
大学却为你打开所有窗

///

我虽然考上了理想的学校，却没有被理想的专业录取，而是调剂到志愿表上第三位的专业，进入学校后心里总有那么点不甘心。法学专业涉及的学习内容异常广泛，除了基本的理论还有成山的法条和案例，让天生就不太喜欢背东西的我极度崩溃。

带着些许沮丧和负面的情绪，上课之外的时间我开始整天泡在图书馆里，看营销和电影艺术等方面的书籍，或者去旁听其他学院的课程。我就那样怀着对未来的憧憬，默默一个人坐在教室的最后一排，蹭着旁边位子上陌生人的课本，度过了一节又一节"不务正业"的课程。下课后继续奔赴图书馆，如饥似渴地泡在非本专业的书籍里面。

如果幸运，在天气明朗的日子里能够抢到某个角落靠窗的位置，午后，会有和煦的阳光透过玻璃窗照进来，暖暖地铺在桌子上面，看书看累的时候可以把自己整张脸沐浴在阳光下，闭上眼，似乎心不管多疲惫都能在一瞬间重新温热。

除了多得数不过来的课程，大学的社团也是极度诱人的。大一的时候心比天高，我报名了和日语动漫相关的樱花社、广播台还有好几个如今都已记不起名字的社团，最终选择了留在广播台做一名记者。我们采访过CBA篮球队，写过稿子，录过视频，把那时最"傲娇"的自己留在了底片里面，也第一次尝到了和社会接轨的滋味。我曾经日思夜想着要考进的新闻学院，我曾经心心念念想要成为的记者和主播，那是第一次，和我距离那么近。

不过后来我终究还是没有做成记者，不停地学习和试炼之后我对自己曾经的梦想有了更加清楚的认识，哪些是更加适合自己的，哪些是冲动或者负气之下硬加在自己身上的，梦想真实的样子和今后的人生轨迹渐渐明朗起来。

我很感谢那些本专业之外多彩的课程和新鲜度"爆表"的社团，它们在我迷茫和失望的时候，奉上一片璀璨的新大陆，让我推开周遭所有的窗，见识了拥有更多可能的自己。但同时，我更感谢本专业那些自己一度不喜欢的课程，它们赋予了我严谨的逻辑和丰富的专业知识，让我成为一个怀揣正义感且有原则的好姑娘。

大学亦是人生，接受那些本不心仪

的事物，从中汲取有用的养分，然后努力去尝试不同的角色，你离梦想的距离才会越来越近。

朋友是可以
分享梦想的人

///

有人说高中时候的朋友太单纯，而工作以后的朋友太复杂，恰恰是大学时代的朋友，能跟你谈最切合实际的理想，又没有太多功利心掺杂在其中。

大一那年，我躲在我妈身后穿得像个乖乖女一样走进了大学宿舍，结识了来自天南海北的五个姑娘。开学没多久，我们便开始了熄灯夜话，大家或矜持或淑女的伪装形象，也在逐渐的熟识中慢慢卸下，宣告属于我们这群姑娘叽叽喳喳的时代正式到来。

还记得我拉着同宿舍的另一个姑娘一起参加学校的健美操大赛，我们本着减肥的目的被一个师姐精心调教，龇牙咧嘴地熬了一次又一次压腿和拉筋，疼得撕心裂肺，却没想到运动后反而胃口大开，一个月下来体重不减反增，徒留我们对着数额下降得日益明显的饭卡余额欲哭无泪。还记得大冬天里所有人都窝在宿舍里不想出门吃饭，打游戏、看小说、背书，都想等着别人出去打包回来，在我饿得前胸贴后背宣告"投降"，想要出门吃饭的时候，却齐刷刷地"飞"过来五双眼睛，于是我在食堂排队人群无限的白眼中只身点了6份饺子浩浩荡荡地拎回了宿舍。

大学四年，我们一起挤破头去图书馆占座自习，为了集体荣誉耐

心地打扫宿舍，互相交换笔记准备复习，还在失恋的时候互相开解和鼓励。携手走过教一教二教三，奋战过新旧的图书馆，辗转过东西区的食堂，流连过满是帅哥的操场。

我们身穿学士服的身影，在那一年定格在学校的明德广场上。

后来，我们去了不同的城市，甚至不同的国家，我们在忙碌和时差中减少了沟通的频率，但情谊一如往昔。

那是一群可以一起分享梦想的人，那是一群在奔向梦想的路上可以携手前行的人。感谢人大，让我遇见你们。◎

报考须知

📜 投档录取

- 投档时，对教育部和各省（自治区、直辖市）教育主管部门规定的全国性政策性加分，学校认可考生其中最高一项加分，且最高不超过20分。除特殊类型招生外，不认可任何降分投档政策。
- 确定录取专业时，不设置分数级差。考生分科类（或选考科目）按投档成绩排队，从高分到低分按照各专业招生计划录取。投档成绩相同时，按各省（自治区、直辖市）确定的同分排序细则录取。
- 所有专业志愿都无法满足的考生，如果服从专业调剂，将调剂到招生计划尚未完成的专业。所有专业志愿都无法满足又不服从调剂的考生，作退档处理。

Ⓐ 外语语种要求

- 学校英语、俄语、日语、德语、法语、西班牙语专业只招收全国统一高考科目中外语为英语语种的考生；法语（中外合作办学）专业只招收英语和法语语种的考生。
- 报考外语类专业的考生，如所在省（自治区、直辖市）招办组织外语口试，考生须参加口试且成绩合格。外语类保送生无此项要求。

Ⓐ 选测等级要求

- 学校在江苏省调档时，各选测科目等级最低要求为A+、A，强基计划为2B+，高校专项计划（圆梦计划）、高水平艺术团招生要求为2B。高水平运动队和艺术类招生的选测科目等级最低要求按江苏省教育考试院的规定执行。
- 录取专业时，学校认可江苏省规定的文理科奖励分，并实行分数优先的录取规则，已投档考生的选测科目等级不作为专业录取依据。具体以江苏省教育考试院本年度的普通高校招生录取工作文件为准。

北 京 高 校 专 业 推 荐

高校	重点专业 & 新设专业	招办电话
北京大学	**重点专业：** 哲学、经济学、法学、统计学、汉语言文学、考古学、心理学、金融学、软件工程、临床医学、口腔医学、世界历史、地理科学、化学、环境工程、智能科学与技术、电子信息科学与技术等	010-62751407
清华大学	**重点专业：** 材料科学与工程、土木工程、建筑学、计算机科学与技术、机械工程及自动化、测控技术与仪器、法学、生物医学工程、数学与应用数学、物理学、电子信息工程、电气工程及其自动化、经济学等 **新设专业：** 土木、水利与海洋工程	010 - 62770334
中国人民大学	**重点专业：** 社会学、统计学、新闻学、哲学、历史学、财政学、法学、国际政治、汉语言文学、档案学、工商管理、行政管理、会计学、金融学、经济学、计算机科学与技术等	400-0123-517
北京师范大学	**重点专业：** 地理科学、国际经济与贸易、汉语言文学、化学、教育技术学、历史学、生物科学与生物技术、数学与应用数学、思想政治教育、特殊教育、天文学、物理学、心理学、信息管理与信息系统、英语等	010-58807962
北京航空航天大学	**重点专业：** 材料科学与工程、测控技术与仪器、飞行器动力工程、飞行器设计与工程、机械工程及自动化、软件工程、探测制导与控制技术、通信工程等 **新设专业：** 人工智能	010-82339327

speciality recommend

北京理工大学	**重点专业：** 材料科学与工程、地面武器机动工程、飞行器设计与工程、机械工程及自动化、武器系统与发射工程、信息对抗技术等 **新设专业：** 人工智能	010-68913345
中央财经大学	**重点专业：** 保险学、财政学、会计学、金融学、市场营销、税收学、统计学等	010-62288332
北京邮电大学	**重点专业：** 电子科学与技术、计算机科学与技术、通信工程、网络工程、信息安全、信息工程等	010-62282045
首都医科大学	**重点专业：** 临床医学、护理学、口腔医学、生物医学工程、药学、预防医学、中医学等 **新设专业：** 眼视光医学	010-83911084
中国政法大学	**重点专业：** 法学、社会学、政治学与行政学等	010-58909122
对外经济贸易大学	**重点专业：** 国际经济与贸易、会计学、金融工程、金融学、电子商务、国际法学、市场营销、日语、西班牙语、阿拉伯语等	010-64492178
中国传媒大学	**重点专业：** 传播学、动画、广播电视工程、广播电视新闻学、广告学、文化产业管理等 **新设专业：** 国际新闻与传播	010-65779370
北京外国语大学	**重点专业：** 阿拉伯语、德语、俄语、法语、日语、西班牙语、英语、新闻学、外交学等 **新设专业：** 塔玛齐格特语、爪哇语、旁遮普语、国际组织与全球治理	010-88816481

高校 SHOWTIME

清华北大辩论队 "神仙吵架"

2019年3月17日，来自清华大学和北京大学的两支辩论队进行了一场 "史诗级" 辩论赛，正方北大辩论队支持 "喷喷群更有用" 的观点，反方清华辩论队则支持 "夸夸群更有用"。辩论现场唇枪舌剑十分激烈，堪比 "神仙吵架"。

北京理工大学 "未来宿舍" 走红

你见过最有科技感的宿舍是什么样？北京理工大学4位设计学院的学生，将他们的寝室打造成了科技感爆棚的 "未来宿舍"。自动开启的感应灯、桌子上的投影键盘、随叫随到的垃圾桶……住在这么炫酷的宿舍里，幸福指数一定很高！

中国人民大学连续15年放春假

中国人民大学又被戏称为 "中国人民放假大学"，除了每年的法定节假日和寒、暑假之外，每年四月还会单独放 "春假"。而且春假制度从2004年开始，已经连续执行了许多年，让其他学校没有春假的学生羡慕不已，纷纷化身 "柠檬精"，酸酸地吐槽：始终没有逃脱 "别人家的学校" 的魔咒。

北京林业大学 "豪华" 录取通知书

很多高校的录取通知书只是一张纸，然而北京林业大学的新生们会收到一个豪华大礼包。里面包括了录取通知书、入学指南、种子袋（信封）和种子本（便笺）。录取通知书的主色调是墨绿、大地金、星空银，形状是象征天地的圆与方，寓意种子在天地间生长。学校花费四个月，设计出了这套将校训与中国古典园林结合的录取通知书，用心程度令人感动。

天津

最幽默

TIAN JIN

让一让，
"哏都"市民
有话讲

◎文/修易 图/张明贺

在天津，不仅相声演员口中的段子充满了幽默智慧的味道，幽默更已成为当地地域文化的一大特色。据说天津人自带幽默细胞，几乎每说一句话都有'包袱'，生活琐事成了笑话小段，无奈难过也都终将一笑而过。

甚至在微博评论区，只要出现天津方言，马上就会有人'提醒'你：这位朋友！你怎么可以在评论里发语音。

天津人的幽默，平易近人、清新随和，总会让人感到一种无可抗拒的亲切和热忱。天津人谈吐间流露出一种调侃生活的戏谑，这份戏谑带着一种知足常乐的豁达心气，天津人称这种本质属性为'哏儿'，一种宾至如归的亲和力。

魔性口音与煎饼果子

天津这座城市，让相声演员感受到被市民支配的"恐惧"。

有一条微博热搜跨越山和大海，荣登前十。它的内容很简单，就两行字："为什么天津的相声演员都特别努力？因为你稍一懈怠，市民的水平就超过你了。"

更有甚者，为了佐证这一观点，给大家献上了天津专场的《德云社被粉丝拆台》合集。变相向大家介绍了，相声演员这活计不好干，尤其在天津。

幽默这东西，是天津人骨子里自带的，而且绝对能影响身边的人。假如你的身边既有东北人，又有天津人，最后哪种方言能胜出？两者各占50%。天津话是天津人民的一大"杀器"，魔性程度可与东北话媲美。无论你是八岁的小朋友，还是八十岁的老人家，都容易被天津话带歪。

随着相声的高度"普及"，天津话常用的问候语和调侃语，人人都能说上几句。仔细品味就能发现，天津口音大多数都是尾音上扬，再添上具有奇效的感叹词"嘛""嘿"。儿化音用得好，立马化身地道天津人。

可光学口音不行，咱需要的是生活。

早上起床第一件事，那不免谈论到"吃"。天津人的一天从丰盛的早餐开始，上至八宝豆腐，八珍粥这些重口菜系，下至随便一个小摊都能打着旗号卖的"狗不理"包子，都代表着天津人对生活的期待。

俗话说得好，一日之计在于晨。在天津，讲到包子，那就太常见了，十个天津人，九个小时候都吃过"狗不理"，同样常见的还有天津的另外一个代表——煎饼果子。

之前，肯德基推出了本土化单品——"大饼卷万物"。我耐不住好奇心，买来一看，不禁乐呵起来，这不就是煎饼果子吗？只不过天津的煎饼果子里面不包咸菜和油条碎，每个天津人都有自己独家的煎饼果子配方。最常见的操作是自带鸡蛋，让老板给你加上，想加多少加多少。

茶楼、相声、曲艺

想要体会正宗的天津口音该往哪儿去？那肯定得茶楼去啊。天津的茶馆有自己的特色——茶水不要钱。来茶馆不为了品茶，而主要是听戏、听曲儿。

打你踏进门口的那一刻起，就有服务员操着天津口音询问您几位。要是只有一位还不差钱，那就引到舞台正面当好的位置坐下，问您要些什么。

这刚吃饱自然不忙活大件，点上一盘江米条，配上碧螺春，您这就能在茶楼待上一天。甜口的江米条可是被写入传统相声许多年的点心，饭后来上两根能解腻。当你觉得江米条不顶饱的时候，不如再点一份"白皮儿"的点心或者是耳朵眼炸糕，那可是最正宗的天津点心。

到这儿肯定有人要发问了，这相声好听，也不能天天听月月听，听多了那还有什么意思？天津是我国传统曲艺的发祥地，相声讲究说学逗唱，曲艺界包罗的东西可就更多了。

您听听，东边响起的快板声那是传承多年的"天津RAP"，还自带捧哏；您瞧瞧，西边传来的二胡声那是朗朗上口的民间故事，还引得观众合唱。

天津可是曲艺之乡，肯定不止这点传统艺术，像京韵大鼓的派别都有好几个呢。到天津不听相声、不听曲艺，那就跟到了北京不去故宫，去了苏州不看园林是一个道理——罔来一趟啊。

这都一天的"乐不思蜀"了，我们再回归当代经济建设中去。天津东临渤海，它的港口也是首屈一指的经济枢纽地带。早在2013年，天津港货物吞吐量就首次突破5亿吨，集装箱吞吐量突破1300万标准箱，成为中国北方第一个5亿吨港口。

城市建设步伐加快，不少寻找机会的年轻人来到这里安家。和其他城市不一样的是，天津用相声将年轻人留在了茶楼里，感受中国传统艺术之美。

这就是天津，自带"笑点"的快乐城市。

中国民航大学
Civil Aviation University Of China

蓝天知道
我们的特别

◎文/庄妍　图/图虫创意 丸小鱼W

中国民航大学位于天津市，是一所中国民航局直属高校，由民航局、天津市政府、教育部三方共建。这些年来，凭借其过硬的专业水平和鲜明的民航特色，为各大航空公司及机场等输送了不计其数的专业人才。可以说只要你乘坐飞机，与你擦肩而过的空乘、地勤，就极有可能曾是中国民航大学的一员。

飞机起落的地方，
就是中航大的主场

///

平日里乘飞机出行，你最常见到的标志是中国国际航空的凤凰、东方航空的燕子还是厦门航空的白鹭？又或者是选择海南航空或南方航空？这些为我们日常出行提供诸多便利的航空公司，都与中国民航大学签署了合作协议，在民航专业人才培养、学科建设、科学研究等领域有着紧密的合作。

除了大家能够想得到的大大小小的航空公司和机场集团，中国民航大学凭借民航特色，与云南省、北京大兴区、天津东丽区等各级人民政府，以及民航局、空管局、中商飞等都积极开展合作。无论你想领略微雨的江南，走遍苏浙沪暖心包邮区，或者想体验北国风光，落脚京津冀首都经济圈，这些地方的机场也都遍布着中航人的身影。

从民航服务到机场建设，再到地区发展，中国民航大学在行业内的人才输送涵盖了方方面面，各类致力于航空方面科学研究的单位，也都和中国民航大学保持着良好的合作关系。

可以说，民航业的各个领域都有着中航人的身影，借用一句我们在各项赛事中经常使用的口号——"飞机起落的地方，就是中航大的主场。"

学校里有个
"飞行游乐场"

///

与民航紧密联系的词大多是安全、严谨、细致这一类的，但千万别以为在中航大的日子也是这样枯燥乏味的，其实严肃而活泼才是我们校园生活的主旋律。

我们学校拥有各类教学训练飞机53架，机务维修实习飞机21架，各类训练模拟机器116套，各类飞机发动机59台。学校图书馆还与航空制造企业合作设立了空客、波音、赛峰资料室，开通了波音在线、空客在线网站，可以直接访问国外相关技术资料。无论是想了解设备装置，还是查询资料答疑解难，中航大都为我们做了最充分的准备。

在校期间，飞行员培养和乘务专业与其他专业略有不同，这两个专业日常均实行军事化管理，每日需要完成早操、内务、队列等任务，为以后走上工作岗位提前养成自律的好习惯。

学校里有一个特殊的场地，大家称呼其为"飞行游乐场"，这其实是为了提高飞行员的空间定向能力素质的项目。其中最有代表性的"三件套"是旋梯、固定滚轮和活动滚轮，那一个个看起来很普通的大铁环，其实是训练飞行员承受负荷能力、平衡能力以及肌肉协调能力的"利器"。

而那些乘务小姐姐们，也不像看起来那么娇弱，在校期间，学习的课程可谓是文武兼备。于"文"，需得学习安抚旅客情绪、化妆以保持良好的服务状态；于"武"，体态训练、应急滑梯、现场急救轮番上阵，为的就是保证服务质量，更保证航行安全。

精彩纷呈的 /// 校园生活

我们学校就建在机场旁边，全校几乎有一半以上的专业都与民航挂钩，其他不相关的专业，比如外国语、经管等，也同样需要学习不少具有民航特色的专业课。

不仅仅在课程设置方面是这样，在就业方面也同样显示出处处皆民航的特点。举例来说，在中航大，我们时常能够看见一群群穿着蓝色工装穿梭在校园中的同学，他们就是未来的机务工程师，我们亲切地称呼他们为"蓝精灵"。虽然有着对口的专业，但每到毕业季，各大航空公司在校园招聘机务维修人员时，却并不只面向特定的一个专业，而是多个专业都可以递交简历。机械、电子电信、自动化以及航空工程等工科专业都是其招考对象，在以民航为特色的中航大，这些专业的毕业生将来都有可能从事机务工程师一类的职业。

不过，虽然民航特色浓厚，我们的学习生活中也不是只有民航、飞机。作为调剂，学校准备了不少有趣的选修课，如数码摄影、宝石学、文

化鉴赏都是大热的课程，深受同学们的喜爱，每到选课时总是大家竞相争抢的对象。

除了上面提到的特色专业和课程，中航大笃学路的海棠、千禧湖的波光、食堂菜的鲜香，也都等你来一一领略。🌸

报考须知

录取

- 对拟录取普通类考生的专业安排，在思想政治品德考核和体检均合格的前提下，根据考生高考投档成绩，按照分数优先的原则录取，即从高分到低分依据考生专业志愿顺序逐一分配专业，不设专业志愿级差。
- 飞行技术专业录取规则按照中国民用航空局当年确定的录取标准，在合格名单内以高考文化成绩（不包括政策性加分）从高分到低分顺序录取。

报考要求

- 报考飞行技术专业需提前在《中国民用航空招飞信息系统》报名注册，预选初检、体检鉴定、心理测试、背景调查等环节均取得合格资格。
- 报考高水平运动队需按教育部特殊类型招生规定，须经提前报名、资格审核、专项测试等环节，取得拟招合格考生资格并与学校签订协议。
- 报考空中乘务、民航空中安全保卫专业需提前经报名、面试、行业体检等环节取得合格资格。
- 由于民航行业及专业工作性质特殊，电气工程及其自动化、交通运输、交通管理、电子信息工程、飞机机电设备维修、飞机电子设备维修、民航空中安全保卫专业只招男生；空中乘务专业只招女生；建议报考民航运输、民航安全技术管理专业的女生身高不低于163厘米、男生身高不低于172厘米。

身体要求

- 报考本校的考生身体状况除需符合《普通高等学校招生体检工作指导意见》的要求之外，结合民航专业特点，有下列情形之一的考生原则上不予录取：生活不能自理；任何一眼矫正到4.8镜片度数大于800度或一眼失明另一眼矫正到4.8镜片度数大于400度；斜视；嗅觉迟钝；口吃；两耳听力均在3米以内或一耳听力5米以内，另一耳全聋者；肝功能不正常者。
- 对于交通运输、交通管理、飞行技术、空中乘务、民航空中安全保卫专业，除上述所列条件外，还应符合中国民用航空局颁布的相关身体条件。

南开大学
Nankai University

面对着阳光，
努力向上

◎文/张紫琪　图/张紫琪

南开是一所你来了就"难以离开"的大学。这里有爱，有梦想，有青春的张扬。你来了，时光就不会虚度。

爱与美食，都不可辜负

///

在南开读书是一种怎样的体验？

套用张艺兴的一句口头禅来回答：Balance。

最直观的体验就是，南开的男女比例已经连续几年保持在1∶1了。在这种"男女平衡"的氛围里，明里暗里，都给你提供了不少脱单的机会。连老师都会伸出他们的大手来，狠狠地推大家一把。

有时候，我都怀疑南开大学是不是一所催恋、催婚大学。不信，你看我们学校的公共课，什么爱情社会学、爱情哲学。图书馆也积极响应号召，给大家迅速安装了情侣专座大屏幕电脑。宿舍也赶来凑热闹，设置了特别人性化的"夫妻宿舍"，还一度上了热搜。这还没完，南开又筹办了校园集体婚礼。可以说整座校园里都充满了爱的气息，随处都是"狗粮"。

一节公共课上，老师对大家"义正言辞"地说："在我课上，脱单的期末可以加分！"话音刚落，我的朋友圈马上就被"征婚启示"刷屏了。同学们都很懂梗，不约而同地说："谈一场期末就'分手'的恋爱吧！"当然这只是玩笑话，作为新时代好青年，我们的感情观还是很正的。

如果谁暂时还没得到爱情的滋润，也不必沮丧，学校会用美食来温暖你的胃。不过在这里我就不介绍食堂里的美味了，我想推荐的，是和美食相关的另一项福利，就是我们新校区宿舍里的"共享厨房"！

厨房里，冰箱、电磁炉等厨具一应俱全，舍友的生日，大家会一起动手给她做美味佳肴；想家了，那就做一些家乡菜慰藉自己吧；深夜从自习室回来饿了，也可以煮个面、煎个蛋，犒劳一下自己。

没错，深夜也可以下厨，因为我们不断电。不仅不断电，也不断网，老校区的部分宿舍甚至没有门禁。不想在宿舍学习的话，校内还有24小时营业的咖啡厅，考试周你可以放心复习。

学校给我们提供了舒适自由的生活环境，爱与美食，一样都不辜负你。

学术明星是校园里最可爱的人

///

周恩来总理，是我们所有南开人引以为傲的校友。这些年来，学校的师生们都凭着这股榜样的力量，在各自的领域里辛勤耕耘，也因此获誉无数。

教授们凭借渊博学识与人格魅力，成为我们心中的学术明星，受到学生们的热情追捧。大家有多热情呢，选课时即使只有十分之一、百分之一的成功概率，也要靠运气拼一把，教授的公开讲座更是一票难求，像"最美教师"叶嘉莹先生、中国科学院院士陈军教授等人的课，都是"爆款"。

学生们也不甘落后。在南开，你会发现很多与你朝夕相处的同学都是深藏不露的高手，他们甚至还有不少的"迷弟迷妹"。能得到这么多人喜欢，除了高颜值让人赏心悦目，更多的还是靠那闪闪发光的智慧征服了大家。

《中华好诗词》里大放光彩的张理想，就是我的同学。从我刚入校开始，"张理想"这个名字就时常被人提起，了解多了，我也对他的诗词造诣感到惊叹。虽然他开口就是东北味儿，但每当那些诗词从他口中流淌出来的时候，你就会觉得他是发着光的。参加节目前，张理想同学就多次参加叶嘉莹先生倡导的"汉唐风韵"诗词大赛，还获得了叶氏奖学金，是我们学校里的风云人物。

还有《一站到底》的于千帆，《最强大脑》的栾雨，也都是南开"出品"。身边这么多同学都是"大神"，既让我感到自豪，也让我有了一定压力。为了努力追赶他们，我丝毫不敢松懈。

十八般武艺，
你都有机会学到 ////

进了南开，每到周末，就是我纠结的时候。

学校有个文化周末的活动，每个周末，去听相声还是去听音乐会，去听演奏会还是去文化沙龙，去听京剧还是去看话剧……我总在纠结，一场好戏也不想错过。不过好在大学四年每周都有这样的机会，才让我不因为一次错过而太过遗憾。

像马伯庸、《秦时明月》主创团队、苑子文兄弟、《大鱼海棠》导演梁璇等各界名人，都在文化周末中出现过。在南开，不出校园，你也可以追星成功。就算进不去内场，在外面求个签名，蹭个同款也是可以

的。倘若你是组织者，还有机会近距离接触这些名人。

我印象最深的是马伯庸来的那场活动，主题是"听说苏轼不是学霸"，是不是听着名字就挺有趣。他和我们分享读史的破解之道，从"撸猫"侃到"穿越"，现场包袱不断，历史典故和坊间八卦齐飞，让我迅速对历史产生了兴趣。除了有和名人偶像接触的机会，学校还为我们提供了很多学习其他技能和展现自我才华的平台。

因为喜欢看欧洲电影，我萌生了学习小语种的念头，但去校外培训机构学习又贵又麻烦，在纠结是否报班的时候，得知外院的学长学姐们开设了免费学习小语种的课程，法语、韩语、日语和意大利语都很受大家欢迎。课上，你有机会和留学生组成"语伴"，互帮互助，不仅外语能力提升得快，还能让自己的朋友圈更加国际化。

南开的课外生活很丰富，除了前面提到的课程之外，双辅修、国创百项、创业空间、社会实践等也给了我们发挥才能的空间，让大家有机会学以致用。🌼

报考须知

录取

- 南开大学在确定调档数量、录取分数线及安排专业时，认可教育部和各省（自治区、直辖市）教育主管部门审定的全国性政策加分。所有高考加分项目及分值不适用于不安排分省分专业招生计划的高水平运动队、高水平艺术团招生项目。

- 根据总分优先的原则，按照考生的投档分数（取投档分数的整数部分，下同）和报考志愿安排专业，各专业志愿之间没有分数级差。具体操作为将录取范围内的考生从高分到低分排队，当分数未达到第一专业志愿录取分数线时，则看是否达到了第二专业志愿录取分数线，以此类推直到录取到最后一个专业志愿。成绩达不到所填报专业志愿且不服从专业调剂的考生，作退档处理。

- 在投档分数相同的情况下，安排专业时优先安排语文、数学、外语三科总成绩高的考生；若语文、数学、外语三科总成绩相同，优先安排单科成绩高的考生。按照语文单科成绩、数学单科成绩、外语单科成绩依次安排专业。

- 不录取没有填报南开大学志愿的考生。

专业要求

- 按照外语类保送生、艺术类专业招生办法录取的考生，入学后不得转入普通类专业学习。

- 电子商务（中外合作办学）专业录取的学生，入学后不允许调整专业。

- 医学院各专业仅录取填报其专业志愿的考生。

天津医科大学
Tianjin Medical University

种下一颗
医者仁心

◎文/土豆　图/土豆 MOTTO-you 郭鑫

　　天津医科大学位于天津这座滨海城市市中心的和平区，虽然这里有天津最繁华的商业街滨江道，以及被称为"万国建筑博览苑"的五大道，但神奇的是，学校身在繁华之地而又偏得一方宁静，正所谓"小隐于野，大隐于市"。

天津医科大学南北各有一个地铁站，从地铁站到天津市内任一火车站均不到半小时，去机场也不过五十分钟，公交线路更是四通八达，形成了以学校为中心的一个便利交通网。

培养"德高医粹"
高水平医学人才

天医是国家"双一流"高校，是国家首批试办八年制、首批试办七年制的院校之一。学校同时拥有众多国家重点学科，如中西医结合、肿瘤、泌尿外科、神经外科和内分泌与代谢内科等，这些特色学科几乎是天津各大医院的立院之本，而这些强势科室又反过来促进了学生的培养，形成了一种良性循环。临床专业的授课教师基本都是医院里的主任、院长，常常有老师刚刚出了门诊和手术室，饭都来不及吃直接就到课堂教学，让我们很是感动。

各种头衔之下的天医在天津市内掌握众多资源，有直属附属和非直属附属近三十家医院，几乎涵盖了天津市所有大型医院，掌握了市内大部分的医疗资源。学校的医教研结合得也很紧密，整体学习氛围充盈着敬畏和专注，如校训"知行合一，德高医粹"所说，学校一直教育我们医学生要真诚、勤勉。

当然，学校的强大也离不开各位前辈的无私奉献，像天医创建者、首任校长、代谢性骨病的"现代知识之父"朱宪彝教授，在75岁高龄时仍带领科研人员奔赴12个省份的40个县市实地考察甲状腺肿和地方性克汀病，在遗嘱中表示会捐献自己的各项遗产以促进医学进步，这种精神也是学校希望我们能够继续传承下去的。

像朱教授这样的知名校友还有很多，如"中国肿瘤医学之父"金显宅、"中国骨科先驱"方先之、"神经外科先驱"赵以成等，他们都是学校的骄傲，为我们留下了许多宝贵的精神财富。这些前辈为我们天医人树立了奋斗目标，同时我们也要有敢为人先的锐气，树立在继承前人的基础上超越前人的雄心壮志。

敬畏生命，
把"医者仁心"
刻在心里

学校为了培养出色的医学人才，在课程设置方面下了大功夫。本科阶段的实验课程很多，我们从最开始的好奇、害怕到后来的坦然、热爱，这都离不开在实验室里的锻炼。

老师尽心尽力培养我们的兴趣，让我们大胆去操作，有时胆小的同学会被单独"照顾"，被老师安排在课后加练。记忆中，最初的实验课每次都是"鸡飞狗跳"，大家手忙脚乱地进行各种操作。直到后来进了解剖实验室，有了那节让我记忆犹新的课。当时，老师让我们整理好隔离衣，穿戴好帽子、手套、口罩，进去后，我们围成一圈，老师先对那个金属柜子深深鞠了一躬，然后沉默了一分钟，我们照做。老师教导我们说，这里的每一具遗体都来自自愿捐献，遗体捐献者选择去世后为医学贡献自己，我们应该心存敬畏和感激。

写到这里，让我想起了在生命意义展室里上的开学第一课，这也是学校的特色之一，天医的医学人文教育无处不在，并以此为基础逐步建成了以生命意义教育、医学伦理教育、职业道德教育为主的校园文化体系。

而在公卫楼下，有一间特殊的教室，室内陈列着朱宪彝校长所捐献遗体的部分脏器标本，还有700余位遗体捐献者亲笔书写的遗嘱。在这里，你能感受到什么是生命的伟大，你会被这些朴实无华的故事中蕴含的高尚力量所感动，也能让你感受到医者的责任感和使命感。

与院士常见面，
与知识常并肩

///

在学校学习的日子里，最让我激动的，是学校不定期举行的"大家讲坛"。每次开讲都会邀请"院士大家"为我们讲授他们的所学所见，讲座过后，院士还会与在场师生近距离互动交流，分享经验。

学医注定要比学习其他专业辛苦一些，因为你的专业水平关乎人的健康和生命。医学院校课程多、考试多是常态，高考只是打开一扇通往更多考试的大门。

大概也是因为这个原因，你在学校的任何一个角落都能遇到看书的人，教室、图书馆、树林的石椅上、餐厅中、楼道里，不管考试月还是非考试月，你都可以看到认认真真啃书本的天医学子。

天医的保研率也很可观，每个院系都有各自的名额设置，平均每个院系本年级的前百分之二十都有保研的名额，再加上参加统考的同学，有的班级能达到百分之六十的研究生升学率。

选择天津医科大学，源于我对这座城市的向往，还有对这所学府的敬畏。

在这里，我学到的不仅是知识和本领，更是甘于奉献的大爱情怀。今后无论走到哪里，我都为自己是一个天医人而感到骄傲，并始终愿意为医学事业奉献自己的青春之光！ ⊛

报考须知

录取规则

- 按照顺序志愿规则录取：院校录取以"志愿优先、按志愿顺序依次投档"为原则，在同一科类、相应批次的省、自治区、直辖市录取控制分数线上，报考学校第一志愿考生从高分到低分录取，当报考人数少于招生计划时，录取第二志愿考生，依次类推，院校志愿不设分数级差。
- 按照平行志愿规则录取：院校录取以"分数优先、遵循志愿、一次投档"为原则，先对同一科类、相应批次的省、自治区、直辖市录取控制分数线上符合条件的考生，按高考成绩从高分到低分进行排序，依次检索每位考生填报的高校志愿；若考生符合其中一所以上高校的投档条件时，则投档到序号在前的高校；若考生只符合其中一所高校的投档条件，则直接投档到该高校。
- 综合改革志愿规则遵循生源属地化原则，执行所在省、自治区、直辖市的相关政策。

加分

- 对政策加分考生的录取，按照教育部有关规定执行。临床医学（"5+3"一体化）、临床医学（"5+3"一体化，儿科学）、口腔医学（"5+3"一体化）专业，在全国所有省市录取时均不考虑任何加分因素，按考生实际高考文化成绩录取。

大类招生与联合培养

- 医学影像技术、医学检验技术、眼视光学、康复治疗学四个专业按照医学技术类（大类）招生；临床药学、药学、药物制剂专业按照药学类（大类）招生。第一学年末按照学校相关规定进行专业分流。
- 智能医学工程专业与天津大学联合培养。
- 预防医学专业学生经选拔可进入本硕连读学习。在学期间依据学业成绩实行滚动淘汰机制。

天津师范大学
Tianjin Normal University

师大好景君须记，
最是桃李争妍时

◎文/霍思灯　图/图虫创意 朱月圆

"这也就不奇怪，为什么天师大的学子在教育行业很受认可，因为我们先学会了'自树'，而后才'树人'。"

"天津吃饭大学"
可不是白叫的

天津师范大学又被大家戏称为"天津吃饭大学"，这个响当当的名头从何而来，一切还要从校内的三座食堂、西门的小吃街以及南门的商业街说起。

天师大学子有口福，三座校内食堂远近闻名，尤其是第二食堂的和畅美食广场，在校方的管理下吸引了不少店家入驻，价格更是亲民。从东到西有香锅烤鱼、自助小火锅；从北往南有肉夹馍、粤式拉肠粉，更有石锅拌饭、奶油蘑菇意面这样的日韩西餐任君选择。

"有朋自远方来，当请友人到饭堂。"千万别误会天师大学子吝啬，不是我们不乐意请客下馆子，实在是好吃的都在咱学校里头！到天师大饭堂来，绝对能吃一桌"不负美味不负卿"的舌尖筵席。

有句话天津人都爱说，"饭后走一走，活到九十九"。从饭堂出来，一路散步到师大南门商业街、西门小吃街，你又将收到各色饭后甜点、奶茶小吃的邀约。随着越来越多的品牌饮食入驻天师大商区，"天津吃饭大学"的招牌却似乎挂不长久了——天师大学子预感终有一天这名头会被"天津长胖大学"的名声盖过。

功能"硬核"
的图书馆

大学生活恒定不变的主题当然还是学习，与学习有关的建筑自是图书馆。据说天师大的图书馆非常大，在全亚洲也能排得上名号。站在天师大校园的任何一个开阔的视角张望，你都能看到巍然耸立的它，晴朗无云的蓝天将它灰色的外形衬得更加现代化。这座地上十二层加地下一层共同构成的庞大建筑，拥有超齐全的设施和一年四季体贴入微的冷暖气，吸引着校内外师生的光顾。

天师大的图书馆身形庞大、馆内宽敞，但可千万不要误会它"四肢发达，头脑简单"。天师大图书馆的智能信息化建设十分硬核，一进门就能遇上刷脸系统，为了避免占座，还有扫码落座的不占座系统，借还书和查阅书籍系统自然也少不了，这极大地便利了来往图书馆的师生。难怪人人都想赶到这块"宝地"来学习。哪怕是寒冷的大风天、酷热的大暑天，天师大图书馆总是座无虚席，就连楼梯走廊上，你都能看到静默而立的阅读者。

大学生活啥样叫好？
天师大学子为您揭晓！

尽管天师大学子努力上进，但绝对不是书呆子，我们还有热爱小动物的温情一面。校内总会出现流浪猫狗，学生们自发组织为流浪猫狗喂食。校方出于对学生安全的考虑，同时也为了解决流浪猫狗的生存问题，出资在天师大校园内建起了一座爱心宠物救助站，专门救助、收养校内出现的流浪猫狗。这样一来，既保障了学生们的健康安全、保持了校园环境的干净整洁，又能给小动物们最好的照顾。

学校的做法不仅暖心，更无愧于每个天师大学子铭记在心的校训——"勤奋严谨，自树树人"。只有现在引导师生们爱护动物和自然，将来学子为人师表时才能拥有"树人"的能力。

天师大作为一所天津的高校，校园生活的方方面面都体现了天津特色，天津人的幽默感和恋家情结更是在这里来回碰撞。你要问天师大里的本地学生："诶，周末/假期准备去干什么？"对方指定要回你一句："还能干什么？回家呗！"

再问一句："要是不回家呢？"

对方也不会苦恼："也成呐！那我这周领我爸爸妈妈，爷爷奶奶来天师大里遛遛！"

天师大校园确实很值得带上一家老小来游玩。尤其是春天，迎着和煦的春风走在晴朗无云的蓝天下，一眼望去，校道旁的樱花和梨花刚刚开败，上演着"落樱缤纷"的景象，西府海棠就仗着自己花开正盛，毫不吝啬地摇曳起身姿，黄灿灿的迎春花也开得招眼……

若是有天师大学子做导游，TA一定会领着父母亲友"走花路"，到时间广场的喷泉处拍照留念，而后以秋水湖为终点，到湖边看鹰击长空，湖泛涟漪。和家人朋友相聚，正是天师大学子最惬意的"充电方式"。

从日常生活到学习，天师大处处充满了包容和体贴。学校一面为学生创造良好的学习环境，一面也营造着浓厚的人文气息。这也就不奇怪，为什么天师大的学子在教育行业很受认可，因为我们先学会了"自树"，而后才"树人"。

报考须知

A 师范生要求

- 面向天津生源拟招收公费师范生60人，招生计划以天津市教育招生考试院公布为准。

- 天津市公费师范生须按照天津市相关规定签订天津市师范生公费教育协议，在校期间由市财政承担学费、住宿费并给予一定数量的生活费补助，毕业后一般在接收区从事中小学教育工作不少于6年，到城镇学校工作的公费师范生，须到农村义务教育学校任教服务至少1年。

- 学校在汉语言文学、汉语国际教育、思想政治教育、英语、历史学、数学与应用数学、物理学、化学、生物科学、地理科学、计算机科学与技术、体育教育、音乐学、美术学、教育学、应用心理学、教育技术学、小学教育、学前教育等专业招收师范生。

- 学校设立二次选拔机制，对于思想过硬、品德优良、成绩优秀的非师范专业学生，本科一年级末，在自愿的基础上，择优选拔进入师范专业学习。

- 对特别优秀的师范生，学校实行推荐免试攻读研究生机制，在本科三年级末，经过校内选拔，推荐免试攻读"3+1+2"教育硕士研究生。

录取

- 各省（自治区、直辖市）专业志愿录取以分数优先为原则，对同一科类、相应批次的学校录取控制分数线上符合条件的考生，先按投档成绩从高到低排队，再依次按照考生填报的专业志愿顺序录取。在考生所报专业志愿均未被录取情况下，对服从专业调剂者，可调剂到招生计划未录满专业；对不服从调剂者，作退档处理，专业志愿不设分数级差。

- 音乐学（中外合作办学，声乐方向）、音乐学（中外合作办学键盘方向）、日语（中外合作办学）、软件工程专业只录取有专业志愿的考生（不含服从志愿）。

天津工业大学
Tiangong University

愿你出走半生，
归来仍是少年

◎文/沈茶茶　受访者/是元先森呀　图/石展昊

"给学生最好的入读体验，是天工大的追求。为了给学生提供更好的学习生活条件，它创办企业，努力发展，为我们修大楼、装空调、建游泳池。"

学校和我们，
互相成就

"你是怎么考上'双一流'的？"

"考了个双非，学校自己努力成了'双一流'。"

这不是段子，它真实发生在天工大。我们常调侃自己的学校是条"锦鲤"，带我们一起奋发向上。

其实我刚考上天工大的时候，偶尔也会因学校是"双非"而感到自卑。后来，我发现我们学校其实也有很多考研、保研到顶尖高校的成绩优异的学长、学姐，还有到世界一流大学深造的大神和创业成功的人生赢家。天工大自己，也为我们送上助攻。凭借全国前三的纺织科学与工程学科，天工大成功逆袭，入选了"双一流"。

所以对于成绩中等偏上的理工科学生来说，天工大是一个很好的选择。学校可以给你提供更高的平台和全力的支持，剩下的，就看你自己的努力了。

天工大一直非常重视竞赛，如果你是竞赛型选手，在这里会有很好的施展空间。我在观望了很久后，和两个小伙伴鼓起勇气参加了美国大学生数学建模竞赛。第一次参赛一头雾水，老师得知后，就帮我们巩固编程、数据分析知识，甚至给我们开小灶，指导我们用绘图软件，给了我们很大的帮助。虽然最后我无缘奖项，但我的同学拿到了美赛的O奖。我在这个过程中得到老师的悉心的指导，专业水平也得到很大提升。

不过和所有大学一样，天工大也有挂科、延期毕业，甚至被劝退的学生，所以关键还是要看你自己。现实可没什么"锦鲤"附体，天工大也不是靠拜"锦鲤"成为"双一流"的，而是靠那些成功的同学。他们的努力，既成就了自己，也成就了学校。

带领学生
"发家致富"

天工大将环保理念践行得很到位，也屡屡因为"抠门"而上热搜。

不过我们学校虽节俭，却不差钱，甚至还拥有自己的"家族企业"。所谓"家族企业"，就是我们天工大旗下的上市公司津膜科技。目前全国有13所高校拥有A股的上市公司，除了天工大外，其他的都是直属教育部的国内顶级名校。

学校资金充裕了，会在学习与生活上，给予学生最好的服务体验：学校够大、建筑够新、空调吹得够猛烈。

天工大的校园很大。刚来学校那会儿，我天真以为有双腿便可行世界，谁知道冬天那阵子患上了"赖床综合征"，上课前20分钟才能解除床的"封印"，一路狂奔，累得直喘气，眼看周围的同学悠闲地骑着自行车从我身旁呼啸而过，欲哭无泪，最后迟到是必然的事。从那以后，自行车就成了我的标配。

我们新校区的建筑也很有特色，这里的楼几乎都由直线构成，你很难在校园里看到弧形的建筑。新校区莫斯科灰+巧克力色的搭配，相较于老校区20世纪80年代的文艺范儿，似乎更符合工科人重视效率的简约风格。不过看似现代化的高冷建筑，在雨后却是另一番观感，我们常调侃："雨天里的天工大就是水煮炸豆腐"。在所有的"豆腐块"里，每间屋子都有中央空调。

学校的氛围很好，学校领导也很懂学生，开学典礼上杨老校长对我们说："我希望你们这个年纪要谈恋爱，追求真爱，谈不成功友谊在，决不能互相伤害"。至于这所学校的更多内在，就等你来亲自体验了。

在<mark>亚洲最长图书馆</mark>里，写下藏书心愿单

天工大对有关学生的各种事物，出手绝对阔绰。

图书馆是学生学习的"根据地"，所以学校把它修建得很体面。如果你在网上搜索一下，你就会知道它是全亚洲最长的图书馆。

它不仅仅只是外表华丽，内核也很有料，至少对于一所理工科大学来说，它的藏书量还是很到位的，常常给人一些意外惊喜。比如《万历十五年》这本书我就不抱希望，咱是个理工科大学嘛，所以我特意去书店买了实体书，结果一次偶然，我和这本书就在图书馆相遇了。另外，天工大图书馆还可以满足你在艺术、哲学、理财等多领域的阅读需求。

图书馆的藏书如此与时俱进，与它推出的一项人性化服务分不开。在图书馆的每个藏书区都设有一面心愿墙，你可以把你想看的书

名都写上去，写上的书名只要不出格，很快就会被买回来放到新书借阅区。这个新书借阅区和其他藏书区一样大，只存放最近几个月上市的新书。

不过图书馆隔一周的周五下午会闭馆一次，所以在闭馆期间，只能移步去公共教学楼自习了。在春天，去教学楼自习很舒服。阳光透过窗子洒进来，抬眼就能看见外面的蓝天白云，有种闯进日漫的美好。

你能相信吗？我们学校里甚至还有3D电影院，而且是院线同映，连《阿凡达》导演卡梅隆都来参观过。游泳馆也足够专业，还被选为了全运会水上项目的举办场所。平日里，游泳馆门票会以三折售卖给本校学生，所谓收门票，也只是象征性地意思一下。

总之，不论是学习，还是生活，学校为广大师生提供了最温馨的服务，如果不是篇幅有限，我还有更多话要慢慢和你讲。

录取

- 高考录取实行平行志愿投档的省（市、自治区），执行所在省（市、自治区）相关政策。未实施平行志愿的省（市、自治区），学校录取遵循志愿优先原则，优先录取第一志愿报考本校的考生，当各省（市、自治区）公布的同批次最低控制线上第一志愿报考本校的人数少于招生计划数时，录取第二志愿报考本校的考生，并以此类推。
- 对政策加分以及同等条件下优先录取的原则，按照教育部《2020年普通高等学校招生工作规定》以及考生所在省（市、自治区）招生主管部门的规定执行。
- 专业录取按"分数优先、遵循志愿、专业志愿不设分数级差"原则，即对同一投档单位的进档考生，先按投档成绩从高到低排队，并按排队顺序，从高分到低分依次按照考生填报的专业志愿顺序录取。
- 当同一投档单位、同一专业（不包括艺术类、体育类）考生的投档成绩相同时，按专业志愿顺序排序录取；如专业志愿顺序相同，再根据不同科类：理工类考生依次比较数学、语文、理科综合成绩进行录取；文史类考生依次比较语文、数学、文科综合成绩进行录取。
- 考生在所报专业志愿均未被录取情况下，对服从专业调剂者，调到同一投档单位未录满专业；对不服从专业调剂者，作退档处理。
- 软件工程专业以及中外合作办学专业只录取有专业志愿的考生（不包括服从志愿）。

报考须知

Ⓐ 外语语种要求

- 学校英语专业要求英语语种考生；非英语、日语专业的公共外语课程均为英语，其他专业课不具备非英语语种开设条件，请非英语语种的考生谨慎填报。

天 津 高 校 专 业 推 荐

高校	重点专业 & 新设专业	招办电话
天津大学	**重点专业：**材料成型及控制工程、测控技术与仪器、工程管理、化学工程与工艺、建筑学、机械设计制造及其自动化、船舶与海洋工程、制药工程等 **新设专业：**网络空间安全、临床医学、人工智能	022-27405486
南开大学	**重点专业：**化学、金融学、经济学、历史学、数学与应用数学、英语、中国语言文学类、资源循环科学与工程、生物技术、环境科学、微电子学、哲学等 **新设专业：**眼视光医学	022-23504845
天津医科大学	**重点专业：**护理学、外科学、中西医结合临床、肿瘤学、药学、医学检验、医学影像学等	022-83336711
河北工业大学	**重点专业：**电气工程及其自动化、高分子材料与工程、化学工程与工艺、机械设计制造及其自动化、金属材料工程等	022-60438029

speciality recommend

天津师范大学	**重点专业**：法学、思想政治教育、小学教育、新闻学、应用心理学、政治学与行政学等	022-23541338
天津工业大学	**重点专业**：材料科学与工程、纺织工程、非织造材料与工程、轻化工程等	022-83955227
天津理工大学	**重点专业**：材料物理、工程造价、机械工程及自动化、计算机科学与技术等	0086-22-60216795
天津科技大学	**重点专业**：发酵工程、包装工程、轻化工程、生物工程、食品科学与工程等	022-28113336
天津中医药大学	**重点专业**：针灸推拿学、中药学、中医学等	022-59596333
天津财经大学	**重点专业**：财政学、工商管理、会计学、金融学、统计学等	022-28171399
中国民航大学	**重点专业**：飞行技术、飞行器动力工程、交通运输等	022-24091234

高校 SH⊙WTIME

食堂小姐姐被叫阿姨 霸气回应

天津大学食堂一位"90后"的工作人员，因为不满总被学生称为阿姨，在打饭窗口张贴纸条，称凡年满13周岁的在校学生只能管她叫姐姐，不能叫阿姨。此举引来众多学生到窗口打饭顺便围观，这位霸气的东北小姐姐也幽默地表示，贴完纸条后，真的没有人再叫她阿姨了。

南开大学黑天鹅"夫妻"引围观

南开大学津南校区引进了两对黑天鹅"夫妻"，分别安排在"马蹄湖"和"南开湖"，学校还为它们专门搭建了"宿舍"，由专业饲养员进行饲养管理。这两对黑天鹅迅速成为南开大学的校园明星，引来校内师生们的层层围观。

天津大学81岁"励志奶奶"毕业

2018年2月初，81岁的"学霸奶奶"完成了所有专升本课程的学习，拿到了天津大学现代远程教育的本科毕业证书。她从77岁开始攻读电子商务本科专业，奋斗了整整四年，期间还因为刻苦努力，获得过2014—2015年度天津大学"现代远程教育学习之星"的称号。

包装煎饼果子的一百种方式

天津工业大学因为食堂不让用塑料袋打包，学生用方便面包装袋装煎饼果子的图片"喜提热搜"。虽然学生们情急之下脑洞大开的简陋包装令人捧腹，但天津工业大学也凭借此项举措，坐实了自己"环保第一大学"的名头。

上海

最摩登

SHANG
HAI

一座飘浮在
都市人
梦里的城

◎文/Muller　图/图虫创意

大众对于上海这座城市的印象，也许远不如其他城市一样深刻和典型。但'上海'这两个字，自带一种魔力。它在很多人心里是'排外'的代名词，却又是包容性最强的国际都市。它足够复古，也欣然热烈拥抱西方异域风情。

有人曾说：来上海之前你可能有一万种不喜欢它的理由，可如果有一天你真的来到这里，就会有喜欢它的一万种理由。

霓虹灯、老洋楼、黄浦江

许多人喜欢用"摩登"形容上海，其实这话应当反过来讲，是上海定义了近现代中国人对"摩登"一词的完美想象——高楼、车流、霓虹，当然，还有那口经典的洋泾浜英语。

百年时间，经过时代潮水一遍遍冲刷，这些经典的意象已然渐淡。而上海既没有抱残守缺，更不甘心成为文化沙漠，它一直站在潮流的交汇点上，用多元的创意和开放的气度打造新的中国意象。

若你有时间，从徐家汇一路步行至陆家嘴，这段不短的路程可能会耗费掉你大半天的时间，但你并不会感到枯燥。这一路的风景，千差万别，却又浑然一体。

教堂旁的商业街出现得一点也不突兀，转头瞥见的大学更像是文化理念上的注解。穿越衡山路，站在旧上海的洋楼前，你还没来得及感叹周家在雷雨夜的悲剧，对面的酒吧和墨西哥餐厅就一齐打开了灯，准备迎接又一个可爱的夜晚。站在陆家嘴遥望外滩，黄浦江水不住奔涌，身边游人脚步匆匆，节奏颇似这座城市的性格，一心向前，又包罗万象。

你总会喜欢上这座城市的某个角落。

漫步老场坊，尽管商铺林立，圆形结构的奇怪建筑还是会不断驱使你遐想，这里八十年前到底是个什么模样。

走在五角场，密集的居民楼和学校自带一份静谧，拐个弯步入大学路，一侧是欧洲风格的咖啡馆与餐厅，一侧是若干志向远大的初创公司，两种生活被奇妙地混合在一起，顿生出让人着迷的梦幻感。对了，你也许还能遇见几个脚步缓慢、无忧无虑的年轻人。他们可能是来自附近高校的自由而"无用"的灵魂。

如果你喜欢有生活气息的地方，那你可以顺着四平路，经同济大学，向南来到甜爱路。这条连名字都冒着粉红心形泡泡的道路不会辜负你的期待，从这里投递出的每一封信，都将被盖上代表爱的邮戳。

文化名城与艺术之都

上海是一座文化名城，这种文化并非遥距千年的古代文化，而是近现代中国发展历程的重要组成部分。上海有诸多近代名人的故居，也有很多重要事件的旧址，甚至连上海的某些生活设施，比如中国历史上第一座自来水厂，由李鸿章开闸放水的杨浦水厂，也以独特的方式诉说着它的历史。

如果你喜欢艺术，上海更是一个不容错过的城市。遍布上海的美术馆和博物馆常年举办有关国内外作品的展览。至于话剧或音乐，上海既有城区里精致的小剧场，也有能容纳八万人的上海体育场和上千人的上海大舞台。国外的歌手、音乐剧演员来中国的第一站甚至唯一一站往往就是上海。这里光怪陆离，车水马龙，繁华而喧闹，却又安静而美好。

有人说上海是中国近代社会的缩影，百年中国，百年上海，从十里洋场到摩天大楼。喜欢它的精致，在不起眼的街巷里，总能寻到适合自己生活方式的小店；喜欢它的市井，在繁华的街头，拐进一旁老弄堂里便能看到老上海人的生活百态；喜欢它好听的街名，甜爱路，幸福路，豆市路；喜欢它的便利，不管多晚，总有一家便利店在街角亮着灯。

百年来，上海不断以它的温柔多面吸引着世界各地热爱多样文化、期待未来的人。上海给他们以"摩登"的期许，他们又反过来成为上海"摩登"的元素。我总是忍不住去想，百年后的上海，又将会以何种美丽示人呢？

复旦大学
Fudan University

拥抱 "自由而无用" 的灵魂

©文/思凡　受访者/ZXZ　图/图虫创意　复旦大学官方微博

许多人曾将能否考上"北清复交"，作为衡量一个学生是否"成功"的标准。尽管这样的标准，在提倡人生价值多元化的今天显得有失偏颇，但这的确也能说明复旦作为一所大学，在大众心中的崇高地位。

复旦同其他历史悠久的高校一样，其底蕴多样"复杂"到在校多年的老学长们也难以读透，但从你踏进校园的那一刻起，就慢慢变成了校园文化的一部分。

日月光华，
旦复旦兮

对复旦大学有些许了解的人，大概都知道"日月光华，旦复旦兮"这个校名的出处，意为日月光华照耀，辉煌而又辉煌。这算得上一个美好的祝愿，但其实复旦还代表着"复兴震旦"，兼有复兴中华之义，作为"中国人自主创办的第一所大学"，复旦二字也在时刻提醒着后辈自强不息，不忘初心。

透过历史能够走入现实。复旦大学深厚的文化底蕴，是建校多年来在发展中一点一点累积下来的，体现在校园的每个角落，也深深印刻在每一个复旦人的心中。

在复旦，每周都有致力于各领域和研究方向的教授开设讲座，让你有机会拓展自己的视野；从老师到同学，也总是鼓励着你踏出专业的舒适圈，去看看更大的世界。复旦是不缺大师的，平日走在校园里，就有可能不经意间碰到某个中国文学史的学界大师，或是其他领域的资深学者。在这种环境里，尽管我是一个非文科专业的学生，也总是忍不住与身边学文的同学探讨起古典诗歌的韵律美，或者历代王朝更替间的风云人物。

复旦常常被人误以为是一所"文科院校"。其实换个角度思考，人们的这种误解，也从侧面反映出复旦人文类专业的强势。如果谈及

复旦的优势专业，汉语言文学、哲学、政治学等传统的人文社科类专业自不必说，长期以来都是众多文科学子的心之所向；同时金融、经管、法学、新闻类专业的实力也非常强劲，热门程度毋庸置疑。

在人文专业耀眼的光芒之下，其他专业的实力常常容易被忽视。其中，最被文科光芒覆盖的当属理科类专业，或许复旦在工程类学科方面的成绩的确没有那么耀眼，但在理科方面也算得上最拔尖的高校之一，包括数学、物理学、生物科学等在内的理科专业都是复旦长期以来的优势领域，堪称"科学家的摇篮"。

吃在同济，
玩在复旦

早年，上海的高校圈流传过这么一句话——"吃在同济，玩在复旦"。虽然现在和那时候相比，其他高校的基础设施和文化活动已经逐渐完善，但即便如此，复旦的学生活动，在规模和丰富程度上，也是独有优势的。

复旦有各种各样的社团，涉猎范围

从古代历史到现代科技，应有尽有。我至今还记得大一初次参加社团招新季，被大家的创意和知识面所震撼：古今中外，天文地理，琴棋书画……可以说，除了学习，复旦人对业余爱好也是极为认真而执着的，甚至有足够的实力将爱好发展为事业。在这里，只要你有想法，就不愁找不到同路人。

如果你不想拘泥于校内，把目光放得更远一些也没问题。复旦邯郸校区所在的杨浦区，是一个大学较为集中的地方，附近有同济、上财、上外等学校。年轻人多的地方，自然少不了好吃好玩的。出校门左转几步即是整个上海都赫赫有名的大学路，坐落着风格各异的中外餐厅，连同许多家创业公司，在这里，你能收获的不仅是美味，可能还有一份高含金量的实习机会。换个方向出去就到了上海十大商圈之一的五角场，如果初来乍到的新生想去那里逛逛的话，唯一的忠告是：别迷路了。

如果"不幸"被分配到了张江校区，这里离市区可能远了一些，但好在学校设置了班车，方便你在各大校区间通勤。只要有一颗对世界好奇的心，整个上海都是你的目的地。

无用之用，
方为大用

///

如果你要问复旦学生毕业后都有哪些去向，发展怎么样？我只能说，这个问题实在太广泛而难以回答。从科学家到创业者，从媒体人到工程师，复旦校友的足迹不仅遍布祖国大地，更走遍了全世界，成

为中国顶尖人才的代表。传统领域蜚声中外的大人物自然无需多言，即使拿新兴专业来举例：复旦计算机、软件专业毕业的学生中，已有相当大一部分在国内外IT企业以及创业公司任职高管。

出国、创业、科研、就业……在复旦也许有一千条路放在面前任你选择，你更需要思考的是：在这样一个自由的环境中，你想成为一个什么样的人？

复旦有句知名的民间校训叫作"自由而无用"，这句话常会被不了解的人拿来调侃，然正如庄子所言——无用之用，方为大用。复旦给予你的，是最宝贵的四年青春里，横冲直撞的勇气和经世致用的理想抱负。我想，这就是我心目中"大学"最应该有的样子。❋

录取

- 对达到学校最低录取分数线的考生，按分数优先原则进行专业志愿录取。分数相同时按各省（自治区、直辖市）确定的同分排序规则进行排序录取，无同分排序规则的批次参照所在省（自治区、直辖市）本科普通批次执行。
- 对达到学校最低录取分数线但未进入专业志愿、且愿意服从所有专业调剂的考生作调剂录取。

转专业

- 复旦大学录取的新生（除特别说明限制转专业外），可在进校后第一年或者第二年根据相关规定申请转专业；复旦大学上海医学院录取的新生（除特别说明限制转专业外），进校后申请转专业的范围限于医学类专业。

外语语种要求

- 学校外语类专业只招收高考外语语种为英语的考生；同时，生源地省（自治区、直辖市）招办统一组织英语口试的，考生应参加并成绩合格。

选测等级要求

- 在江苏省，报考复旦大学本科第一批次招生专业考生的学业水平测试两门选测科目的成绩等级须达到AA+，报考复旦大学上海医学院本科第一批次招生专业考生的学业水平测试两门选测科目的成绩等级须达到AA；报考提前批次招生专业的考生两门选测科目的成绩等级须达到AA；报考高校专项"腾飞计划"、高水平艺术团的考生两门选测科目的成绩等级须达到BB。

上海交通大学
Shanghai
Jiao Tong University

交通万物，
兼济天下

◎文/两颗西柚　受访者/豆一　图/图虫创意

当你听到有人在谈论"闵行理工学院""东川路男子职业技术学院""闵大荒"……请不要怀疑，他们一定是在讨论上海交通大学。

交大最大的校区位于闵行区东川路800号，绝大多数学生都在此就读，由于地处偏僻的上海西南角，从学校坐地铁到上海市区大约需要一个半小时，去杭州甚至比去外滩更快捷，因此得了"闵大荒"的称号。而由于交大理工学科实力极为突出，学生又以男生居多，男女比例略显失调，又自然而然拥有了"闵行理工学院""东川路男子职业技术学院"之名。至于"上海西南某高校"，则来源于电视剧《爱情公寓》里胡一菲的台词，还有人将它"翻译"成"Shanghai Southwest Some School"，简称"4S"。

交大人大多幽默且擅长"自黑"，因此这些"戏称"也逐渐在"高校江湖"中流传开来。

日日思君不见君，
共饮交大水

///

如果你来到交大，我想你的第一印象一定跟我一样，这所学校真的太大了！不信你来听听学长学姐们的日常对话——"君住交大东，我住交大西，日日思君不见君，共饮交大水。"

交大闵行校区是上海占地面积最大的大学校区，据不完全统计显示，这里占地近5000亩，可以直接在校内跑完10公里马拉松，光校门就多达7个，还有3座大型图书馆、健身房、游泳馆、电影院、咖啡店一应俱全。虽然距离市中心很远，但不出校门，就能满足我们大部分的学习生活需求。

除此之外，学校里还有荷花池、植物园、4个湖泊、星罗棋布的河道，以及满载交大学子青春与梦想的涂鸦隧道，堪称一座小型迷宫，没

几个交大人敢说自己没在学校里迷过路。

坐拥如此辽阔的"河山"，让我们即使身处"闵大荒"，校园生活也仍旧丰富而便利。但带来的坏处也非常明显——如果你缺少一辆代步工具，想纯靠走路度过几年大学时光，那你很快就会意识到，上海"脚痛"大学这个称号也不是白叫的。

此"交通"
非彼"交通"

///

上海交通大学的前身之一，是中国近代著名实业家、教育家盛宣怀1896年创办的南洋公学，在20世纪二三十年代就已成为国内著名的高等学府，有"东方麻省理工"的美称。

虽然我们学校的名字里带有"交通"二字，但千万不要误以为交大是一所盛产司机、船长的交通职业学校。其实交大校名里的交通，取自《易经·泰卦·象》中的"天地交而万物通，上下交而其志同"一句，以此为名，大概是为了传承那份"交通万物，兼济天下"的情怀吧。

带着这样一种情怀，交大或创造或参

与了中国近现代发展史上的诸多"第一"：第一艘万吨轮、第一艘核潜艇、自主设计的第一代战斗机、第一枚运载火箭、第一颗人造卫星、第一例心脏二尖瓣分离术、第一例成功抢救大面积烧伤病人手术……正应了每个交大人入校之初都会听到的那句话——选择了交大，便是选择了责任。

如今的交大，是一所工科气息很浓厚的综合性大学。这里最不缺的就是优秀学生，他们不光专业成绩拔尖，在社团、学生工作、竞赛、实习，甚至兴趣爱好方面的能力都强于他人。尽管交大没有晚自习，学校的管理也比较宽松，但你并不会因此而懈怠，因为前面始终有值得你追赶的目标。

交大盛产工科生，比起夸夸其谈，他们更喜欢讲逻辑，热衷于从数据出发、用事实判断。但这并不意味着交大人只会造飞机火箭、解数学公式，事实上，他们文能改编创作校歌，武能拍摄微电影。交大人还开创了自己的音乐盛会——绿洲音乐节。带着"从荒漠中来，为交大校园文艺圆一个绿洲之梦"的信念，他们自己策划，自己请乐队，自己宣传，时至今日，绿洲音乐节已经办了八届，每届都能吸引众多校内外乐迷，影响力越来越大。

全上海
最爱管闲事的保卫处

作为一个交大学生，你一定会铭记的一串数字是——54749110。你问我为什么？大一开学接受新生教育，保卫处的科长就会告诉你

原因：因为这是最有爱的、效率最高的、最爱"多管闲事"的、从来不会让同学们失望的校园报警求助电话。这个号码有多神奇呢，从校园里盛传的段子就可见一斑。

上课途中自行车坏了赶不上早课？请拨打54749110!

手机不小心掉进厕所里了？请拨打54749110!

已经上课了，但老师迟到还没来？请拨打54749110!

失恋了想找人聊聊天？请拨打54749110!

食堂打饭发现盐放多了？请拨打54749110!

……

交大的保卫处自称"全上海最爱管闲事的保卫处"，不过，虽然他们"爱管闲事"，但却并不会干涉你的自由，只有当你需要帮助的时候他们才会赶来你的身边，实在是令人感到暖心又安心的存在。

这就是我所热爱的交大，它也许不够完美，却为我提供了成长向上的土壤，让我明白正是肩上的责任，不断激励自己成为更好、更优秀的人。

报考须知

录取

- 对进档考生，按分数优先、遵循志愿的原则进行择优录取。进档考生中，投档成绩相同时，优先录取相关科目分数高者。相关科目分数比较顺序：数学、外语、语文（"综合评价录取""强基计划"等招生类型的同分排序按照当年相应简章规定执行）。
- 在专业录取中认可经教育部备案的各省（区、市）全国性高考加分项目，且分值不超过20分。不设分数级差，在专业招生规模允许的范围内，学校将根据考生专业志愿情况适度调整专业招生计划。

选测等级要求

- 在江苏省录取时，各选测科目等级要求为A、A，强基计划、高校专项计划（思源计划）、高水平艺术团等特殊类型要求为A、B。高水平运动队招生和艺术类招生的选测科目等级要求按江苏省教育考试院的规定执行。

强基计划

- 2020年学校数学与应用数学、物理学、化学、生物科学、生物医学科学、工程力学六个学科将开展"强基计划"招生，为服务国家重大战略需求培养拔尖创新人才。

外语语种要求

- 上海交通大学全部专业均无男女比例要求。高考无外语语种限制，但学生入校后，除交大-巴黎高科卓越工程师学院所属专业，以及日语、德语、临床医学八年制（法语班）等专业外，全部主修英语。

同济大学
Tongji University

既仰望星空
也脚踏实地

◎文/Muller　图/@小恶魔Katrina呦

"在大众的印象中，同济介于'说起名校就会想到'和'看到名字还不认识'之间，它身上的标签实在是复杂又有趣。"

我们的红烧大排
上过《天天向上》 ///

任何一个对上海高校有过关注的人，一定都曾听过类似"吃在同济，玩在复旦"的段子。这里的"吃"，在物质生活还不那么发达的年代，指的就是食堂里八毛一块的大排，也就是以红烧方法烹饪的猪特定部位的排骨，属于上海家常菜。

在那个物资匮乏的年代，上海高校中唯有同济食堂有完备的冷库系统和足够物资储备，能够长期供应廉价的红烧大排，由此，同济大排也被誉为全上海最好吃的大排，还受邀登上过湖南卫视《天天向上》的舞台。

当然，只有大排是无法满足我们五花八门的口味的。同济食堂似乎也不甘心做个普普通通的食堂——推出了"同济大排档""食堂大厨试吃投票""多校联合美食节"这些神奇的活动。同济的本部（四平路校区）共有西苑、西北、南苑、学苑、北苑、半亩园等七个食堂，还有若干隐藏在校园角落的酸奶屋和面包房。

毕竟，同济美食是三好坞的酸奶、是半亩园的冒菜、是思蜜客的泡芙，也是西苑的烧烤、北苑的叉烧、学苑的大排、西北的砂锅。如果你乐于吃，又乐于发现美食，在同济，一学期胖十斤不是梦！

建筑和土木 ///
是两块金字招牌

早年的同济也是名字前冠有"国立"二字的老牌综合性名校之一。不论是业内的"建筑老八校"也好，谈及对上海城市建设做出的贡献也罢，只要提及国内建筑教育，同济总是一个避不开的名字。

一个合格的建筑专业学生应该对美学、人文乃至哲学都有认知，所以同济的建筑专业从招生类别到课程安排，完全不能用简单的"工科"二字来概括。多年的建筑底蕴，连同"洋气"的设计创意学院、"优雅"的艺术传媒学院，构成了同济在"工程师文化"之外的另一张名片。

但是仅谈同济的土建、设计专业也许对其他专业的同学不大公平，毕竟同济还有好多专业也是全国闻名，如材料、环境、汽车……从入学第一天起，校长就强调了跨专业合作、多方面发展的必要性。

抛开每个同济人身上所属专业的标签，他们也许还是出色的歌手、舞者、摄影师、作家。"试验区""辅修""强化班"对所有同济人而言都是再熟悉不过的名词，"转专业"在同济也绝非是难以启齿的退路。同济鼓励每一个人伸手把握这些机会。毕竟，多一个维度，就多一种可能。

尽管大众对同济王牌专业的印象更多是"工科"而非"理科"，但同济版《高等数学》教材却是全国闻名。这本号称位于全国出版数量排名前列、"折磨"过无数学子的奇书，同样也是同济人难忘的回忆。毕竟，在同济，哲学系也要学高数，英语系也得上物理。

随处可见的
德国色彩

/////

同济和德国的渊源并不是牵强附会，而是植根于百年同济的建校基因。同济大学始于1907年德国人埃里希·宝隆所建的同济德文医学堂。"同济"一名，起初实是德文"Deutsch"（德意志）的上海话音译。

多年来，同济培养了大批德文人才，成为中德在经济、科技、文化发展中的重要桥梁。2016年，时任德国总统约阿希姆·高克访华时，还专程到访同济，发表演讲。

在同济，你很容易就能通过各种方式邂逅德国文化：德语入门课程、观看德国电影的选修课、关于中德关系的讲座、德国古典音乐

会；又或者是汽车、机械、哲学等要接触德语的专业。更直接的就是报名德语辅修或者德语强化班（俗称德强）了。修读德强需要留级一年，专门排课学习德语。不过不必对"留级"这事心存芥蒂：同济的规定是每个学生可以在标准学制长度之外多读两年，所以因为转专业跨度太大留了一级，或又因为修读德强或法强再留一级的成绩优异者不算罕有。

随处可见的德国色彩算是同济一个有趣的侧面，如果你有去德国深造的打算，同济是可以重点考虑的选项之一。

在同济，你可能遇见形形色色的人，他们在不同的方向上诠释着"优秀"——四年成绩全优的顶级优异者、本科在学术顶刊发表论文的学术精英、世界杯志愿者、奥运奖牌得主，还有大量分散在各个领域默默推动科技发展的工程脊梁。以自己喜欢的方式，达到自己所理解的优秀，这才是理想中"我的大学"。

面对世界变幻，这所百年名校足够包容，亦足够踏实；既仰望星空，也脚踏实地。⊕

报考须知

招生计划

● 同济大学未做分省（自治区、直辖市）编制的计划用于强基计划、保送生、高水平艺术团、高水平运动队、运动训练、内地西藏班、内地新疆高中班、少数民族预科班等招生。

转专业

● 提前批次录取的马克思主义理论、康复治疗学、护理学专业的考生入学后不实行校内转专业政策。

投档及录取

● 在思想政治品德考核合格、身体健康状况不受专业限制、高考投档成绩达到同批次录取控制分数线，符合同济大学投档要求的情况下，学校按照考生投档成绩从高分到低分排序并依据考生志愿和招生计划进行专业录取，各专业志愿之间不设级差。

● 在投档成绩相同的情况下，理科依次以数学、语文、外语成绩高低为录取顺序，文科依次以语文、外语、数学成绩高低为录取顺序。（注：北京市、天津市、上海市、海南省依次以数学、语文、外语成绩高低为录取顺序。）

● 所有考生的全部专业志愿录取结束后，对未满足专业志愿且服从专业调剂的考生在相应的科类或专业组内进行调剂录取专业；对所有专业志愿都无法满足且不服从专业调剂的考生作退档处理。

● 按顺序志愿投档的批次，在第一志愿考生生源不足的情况下，同济大学可接收非第一志愿考生，依投档成绩择优录取；若符合条件的非第一志愿考生生源仍不足，将征集志愿。按平行志愿投档的批次，未完成的计划也将征集志愿。高校专项计划不进行征集志愿。在征集志愿仍不足的情况下，则将剩余计划调剂至其他生源质量较好的省份以完成招生计划。

● 录取过程中，同济大学所有招生专业无往届生、应届生及男生、女生限制。

华东师范大学
East China Normal University

踩下时光的刹车，
留下每个可爱的你

◎文/高佩瑜 图/@LNIzeJEI

"吃在同济、玩在复旦、住在交大、爱在华师大。"很多人都以为这里的"爱"是恋爱的意思，事实上，华师大本身就是一所有爱的学校。

靠着食堂，
我们屡次**上热搜**

///

《人民日报》官方微博报道过的某高校食堂"2小时售罄300斤小龙虾"，微博热搜上的"12元一只的红烧甲鱼"，它们都出自华东师范大学。小龙虾也并非2020年才推出的，在华师大特色的网红夜市，招牌菜小龙虾只要38元1斤，除此之外，还有各种小炒、卤味、牛羊肉火锅等。不仅引得本校学生大排长龙，连外校学生都闻讯赶来一饱口福。300斤小龙虾下午5点开卖，两个小时就被一抢而光。

继红烧甲鱼后，我们食堂又推出了只要8元的甲鱼炖盅。炖盅里不仅有甲鱼，还有红枣、枸杞等配菜。食堂师傅自豪地表示甲鱼盅卖得很好，他去到收盘处的时候，发现同学们都吃得干干净净。

我们学校食堂对于上热搜这件事已经习以为常了，2013年，当华东师范大学华闵食堂推出了惊人菜品玉米炒葡萄时，便开启了"高校食堂创立中国第九大菜系"的时代。此后，火龙果炒鹌鹑蛋、草莓炒芹菜等接连在华师大食堂大厨的创意中产生。

但华师大的食堂不只生产创意菜，每逢节假日，食堂还会推出各种便宜好吃的糕点，比如月饼、青团、粽子……只为造福节假日不能回家的学子。

华师大的姑娘
都很可爱

///

在男女比4:7的华师大，这里的姑娘们都很能干，既能貌美如花，也能自己扛快递回家。难怪有首歌会这么唱："华师大的姑娘都很可爱"。

要论外在，我们有像董卿一样知性美丽的校友；要论学习，华师大的姑娘们都很上进。相较于市区的繁华富丽，被发配到"闵大荒"的华师大姑娘们更能踏踏实实地学习，周末的图书馆座无虚席，考试周凌晨的教学楼灯火通明。

除此之外，华师大的姑娘还充满爱心。校园里游荡着很多"喵星人"，它们在校园里慵懒又自由，天晴时总是躺在草坪上晒太阳，肚子饿了，时常会有几个华师大的姑娘带着猫粮前来投喂。姑娘们还成立了"小动物保护协会"，定时投喂校园里各个角落的流浪猫。

每届学生都有 ///
专属毕业花

在每年6月的毕业季，樱桃河畔的堤岸上总是有着属于每一届学子的毕业花，花语带着美好的寓意，这是华师大送给每一届毕业生的独特赠礼。

2014年是向日葵："愿你如向日葵一般，带着光明与热情，向着远方"；2015年的油菜花盛放在春暖花开的日子里，祝福着即将远行的学子们；2016年的初阳洒在长满马鞭草的小径上；2017年的婆婆纳象征着健康；2018年钓钟柳的花语是"一见钟情"；2019年的毕业花是绣球花，花期从晚春到夏秋绵延不断，象征着希望、永恒与团聚。

正如前校长陈群所说："愿你出走半生，归来仍是少年。"少年如花，花如年少，天晴了，我们一起去华师大看花吧。

报考须知

投档及录取

• 投档时，对教育部和各省（自治区、直辖市）教育主管部门规定的政策性加分，学校认可其中最高一项加分，且最高不超过20分；该加分在投档、安排专业时均适用。所有高考加分项目及分值均不得用于不安排分省分专业招生计划的招生项目。

• 普通类批次专业录取采用"分数优先"原则，在同分情况下，依次比较语文、数学、外语3门总分，语文、数学2门总分，语文单科高考分数。

• 艺术类和体育类批次专业录取采用"分数优先"原则，同分处理原则按照招生简章等相关规定执行。

• 专业调剂和退档时均不再征求考生意见。

外语语种要求

• 外语类专业只招收英语语种考生，其他专业对外语语种不做限制。

身体要求

• 轻度色觉异常（俗称色弱）不能录取的专业：化学、心理学类、生物科学类、生态学、环境工程、学前教育、特殊教育、体育教育、听力与言语康复学等。

• 色觉异常Ⅱ度（俗称色盲）不能录取的专业：除上述第1条（色弱）不能录取专业外，还包括美术学、绘画、设计学类、地理科学。

• 不能准确识别出红、黄、绿、蓝、紫任一色的考生下列专业不能录取：除上述（色弱、色盲）不能录取专业外，还包括经济学、工商管理、会计学、人力资源管理、信息管理与信息系统、房地产开发与管理、公共管理类、计算机科学与技术。

• 考生如有身体状况不适合从事教师职业的，建议慎重考虑是否报考师范专业。

上海理工大学
University of Shanghai
for Science and
Technology

梦想开启的地方

©文/Gloria　图/上海理工大学官方微博

"和着滔滔浦江水，伴着琅琅读书声，无数学子来到这片香樟园，开启了自己的逐梦之旅。"

玩转
"上海理工影视基地" ///

浦江之滨花木扶疏，红楼三五矗立其中。这"理"拥有目前上海高校中规模最大的市级优秀历史建筑群。走进516号大门，可以看到许多哥特式建筑风格的小洋楼分布在校园中，拿出手机扫描建筑前的二维码，你还可以了解它们的前世今生。因为风景独特，上理一度被称为"上海理工影视基地"，徐峥、杨子姗、韩东君、郑爽、罗晋等明星都曾在此拍摄过。来这"理"读书，说不定哪天你也会出现在电影里。

这"理"人气最高的地方莫过于湛恩纪念图书馆，它可是学校的"颜值担当"。一篇篇学术文献、一场场大咖讲座、一个个既有趣又有内涵的文化活动……这"理"是学习场所，更是精神家园。

这"理"的生活丰富多彩，不仅有体育文化节、音乐诗词大会、校园十佳歌手赛等大型活动，还有170余个覆盖文化体育、创新创业、学术科技、志愿公益等各个类型的学生社团。

美食方面，一食堂的地三鲜，二食堂的麻辣小龙虾，五食堂的麻辣香锅，新世纪餐厅的芸豆红烧肉，个个味美价廉分量足。每逢节日，学校还会推出四喜青团、鲜肉粽子、上理Logo月饼等美食，不仅颜值在线，而且口味超赞。

这"理"是制造业的
"黄埔军校" ///

上理位于国际化大都市上海，拥有得天独厚的经济、科创、人文环境和无限机遇。军工路校区毗邻五角场大学区，让你能感受到浓厚的文化氛围；复兴路校区邻近淮海路商业圈，让你能感受到上海的发展脉搏。

我们学校起源于1906年创办的沪江大学和1907年创办的德文医工学堂，百余年来滋养了一大批学术精英、工程专家和社会翘楚，也因此享有中国"制造业黄埔军校"的美誉。

除了辉煌的过去，我们也有灿烂的当下和未来。

上理是装备制造、医疗器械、出版印刷行业的骨干高校。工程学科、材料学科位居ESI全球前1%行列；动力工程及工程热物理、光学工程、管理科学与工程等学科长期居于国内领先地位。此外，还有14个专业通过国际认证，7个专业通过中国工程教育认证（CEEAA），这意味着这些专业毕业的"未来工程师"将获得"国际通行证"。

除了传统优势学科领域，我们学校在经济学、管理学领域也同样取得了令人惊喜的成绩。管理学院2018年成功通过了AACSB（国际精英商学院联合会）权威认证，目前全球仅有不到百分之五的商学院通过该认证。

作为上海市高水平建设大学，这里有着雄厚的师资力量，汇集了一批活跃在国际学术前沿和国家重大战略需求领域的领军人才，有他们领路，我们不愁得不到好的培养。

在这"理"，为梦想奋斗的你将拥有更大作为！🌸

投档及录取

- 省（自治区、直辖市）招办按该校在当地的招生计划数和投档比例，将报考该校的生源从高分到低分（含加分）进行投档。具体的投档比例由该校根据各省（自治区、直辖市）实际生源情况确定。顺序志愿原则上投档比例不超过120%。按照平行志愿投档的批次，原则上投档比例不超过105%。
- 对进档的考生，在专业录取时，采用分数优先的原则，专业志愿间无级差分（若个别省份有特殊规定，与当地省级招办协商后另行公布）。
- 政策性加分在专业录取时计入总分。
- 对于同分考生，专业排序时，文科考生按外语、语文、数学成绩为序，理科考生按外语、数学、语文成绩为序逐一比较安排（改革省份：选考科目为"不限"的，按外语、语文、数学成绩为序；其他选考科目要求的，按外语、数学、语文成绩为序）。
- 对达到该校最低录取分数线并符合该校提档要求，但未进入所填专业志愿，且愿意服从专业调剂的考生作调剂录取。

外语语种要求

- 各专业入学外语考试语种不限。
- 非语言类专业入学后外语教学语种：部分中德合作专业为德语，其他专业为英语。

资助政策

- 学校认真执行国家和上海市相关学生资助规定，被该校录取的家庭经济困难学生可通过"绿色通道"申请入学，入学后可按规定申请国家奖学金、国家励志奖学金、上海市奖学金、国家助学金、国家助学贷款、勤工助学岗位、特殊困难补助和学费减免等。该校承诺：确保被本校录取的学生不因家庭经济困难而辍学。

上海海关学院
Shanghai
Customs
College

把守国门的卫士

◎文/柠檬味可爱　图/张念　上海海关学院官网

海关是国家经济大门的"守门员",一般只要涉及有贸易运输的城市都会设立海关机关,来把好这道关卡。如此重要的岗位,自然需要培养专业人才委以重任,于是作为海关总署的直系院校,上海海关学院光荣地接下了这副担子。

心有海关梦，
快来看这里

///

　　坐落于上海市浦东新区的上海海关学院，是全国唯一一所直属于中华人民共和国海关总署的院校，也是全国唯一一所系统设置海关学科课程和专业的本科院校。我们习惯称它为"关院"。

　　海关学院，自然是全心全意为国家的海关事业服务。于是，作为国家控制布点的特设专业——海关管理，当之无愧地成为关院的王牌。

　　学校里，也到处洋溢着海关特色。

　　就拿专业设置来说，学校只有海关管理系、经济与工商管理系、法律系、外语系、基础部和思想政治理论部，和其他高校相比，学校的专业结构相对简单。虽然这些系部并非全都与海关管理有关，但也都带着海关"基因"，如法律专业会有海关法方向、外语专业侧重商务英语，

　　这都得了解基本的涉关知识。

　　关院的党校也区别于普通高校，各大海关的中高级干部常来这里培训。学校还会根据WCO（世界海关组织）的分工和亚太区域国家和地区的要求，逐步承担该区域海关人员的培训任务。

　　是不是听起来就很酷？还有更酷的！除了上述职能，关院还建立起了依托于海关行业的联合培养机制，根据学院和海关总署关税司、上海海关的三方联合协议，三方联合论证人才培养方案，开设相关的专业特色课程，并开设海关管理研究所和海关国际问题研究中心，紧密结合海关改革发展中面临的热点、难点，开展科研活动。

　　你看，我们关院在自己的专业领域，丝毫不亚于一所"双一流"。

独家定制，
制服使命在等你

///

　　针对学生以后的行业定位，关院实行的是准军事化管理，其外在表现就是每日的队列和每周的加训，其核心内涵是命令与服从。

例如，除普通大学要求的回寝时间、准时断电断网外，关院会要求学生在早上第一节课和下午第一节课的课前走队列，全班同学到篮球场集中，手携统一黑包，迈着整齐步伐，喊着响亮口号，整整齐齐去上课，真算得上是一道靓丽的风景线。不过，虽然是军事化管理，但是强度远没有军校那么大，是多数人能接受的程度，随着大三学业任务的加重，强度也会有所减轻。老师们则会佩戴标明级别的肩章，因为"二杠一星""三杠三星"所代表的含义和职责是不一样的。

写到这儿，那就必须得提到关院的另一个特色——制服。

"师兄，为何你看起来如此帅气？"

"因为我每天都要穿着制服。"

没错，关院是有独家制服的，如果你是个"制服控"，走在校园里的那道"制服风景线"绝对会让你感到赏心悦目。关院的制服一般包括冬装外套、皮鞋、夏装衬衫、冬装长袖套里衬衫、领带、领花等。

都说身着制服，就肩负起了一种使命。从我穿上制服的那一刻，"忠诚公正，兴关强国"的精神就作为责任与使命印入我的心中，相信也印入了每个关院人的心中。我们牢记，穿着海关制服就不仅仅代表自己，更是代表中国海关。哪怕还是学生，也会以严肃正直的态度对待学习、生活的方方面面，外树形象，内强素质，为以后的工作打下坚实基础。

如大家期待的那般，准军事化管理，既磨砺了我们的意志，也让自律成为一种习惯。

质朴之中见真章 ///

尽管关院在专业领域早就声名远扬，但它并不处处炫耀，更乐于低调的奢华。

学校的校园就很低调，占地只有500多亩，与其他大学比算不得大。可也刚好是应了老话：麻雀虽小，五脏俱全。现代化的教学楼、图书馆和先进的ATM（新一代高带宽，低时延的网络）校园网，还有数码阅览室、视听室、文娱活动综合楼、网球场、游泳馆、体育馆等配套设施，都为我们营造了一个舒适的学习和生活环境。

曾有老师开玩笑说"通过观察学校除草频率，便可以判断学校的经费状况"，关院大门前的草就从未长高过。学校的一期教学楼和男生宿舍也都是2015年建成的，住宿条件好像是在住酒店公寓，同期建成的大学宿舍里难有可以比肩者。

这些都是学校默默给学生做的事情。

关院或许只是一所别人眼中的普通学校，但凭借自身的优势与实力，常被人称作可超越"双一流"的学校，事实上它也做到了。来感受一下关院近几年的分数线，学校在各省份的录取最低分，大幅度高于各地本科的一批控制线。王牌专业更是要求在600分以上。因此，各位同学在报考时也要结合自己的分数谨慎选择。

这里有无数有关青春的梦想正在闪闪发光，坚持之下，必有所获。

录取规则

- 根据教育部和海关总署的有关规定，海关管理专业录取的女生比例不超过30%。
- 学校实行计算机远程网上录取，在省级招办投档考生范围内，按投档分数从高到低的顺序，根据考生填报的专业志愿录取。
- 考生所填报的专业志愿都无法满足时，若服从专业调剂，则根据考生成绩调剂到招生计划未完成的专业；若不服从或未填报专业调剂者，作退档处理；专业调剂和退档时，均不再征求考生意见。
- 考生总分相同，则录取单科分数较高的考生。文科考生先看语文成绩，若语文同分，则看英语成绩；若英语同分，再看数学成绩；若再同分，则看文科选考科目成绩；理科考生先看数学成绩，若数学同分，则看英语成绩；若英语同分，再看语文成绩；若再同分，则看理科选考科目成绩。
- 参加高考综合改革试点省（市）的上海、浙江、北京、天津、海南、山东考生，先比较语文加数学两门合计成绩高低，若同分再比较数学成绩高低，若同分再比较外语成绩高低，若同分再比较选考科目中单科成绩高低，若同分再比较选考科目中次高科成绩高低，若同分再比较考生志愿顺序，按各自顺序分别录取；志愿顺序相同的同分同位考生参考综合素质评价进行录取。

本科招生专业

- 海关管理、物流管理、行政管理、国际商务、税收学、经济统计学、法学、英语。

身体条件要求

- 报考海关管理专业的考生还应具备下列条件：
（一）男性身高不低于168厘米，女性身高不低于158厘米，体型匀称；
（二）双眼矫正视力均不低于0.6（标准对数视力4.8），无明显视功能损害眼病；
（三）五官端正，面部无疤痕等明显特征和缺陷，无各种残疾；
（四）无各类急慢性传染病。

长风破浪
会有时

◎文/红茶 受访者/陈徐 图/米杏子 殷泽生 上海海洋大学官网

我爱你的那个瞬间，是春天的桃枝抽芽，夏天的荷花绽放，秋天的银杏飘落，冬天的阳光倾洒。是师长眼里的热忱，是湖面的最后一抹夕阳，是随处可见的猫咪撒娇，是与好友携手共进的每一天，四年的晚照晴空，四年的日升月落。

应时节之邀，
饱口舌之愿

/////

说起各自学校的特色校园文化活动，或许每个人都能如数家珍般地列出一串名单。但上海海洋大学的一个节日，相信会让许多人羡慕不已，尤其是吃货，那就是——河蟹文化节。

每年到了秋风起、蟹脚痒，如何优雅地吃螃蟹被频繁刷上热搜，"蟹八件"在某宝热销的时段，这不仅是一年一度螃蟹黄多膏满之时，更是预示着上海海洋大学一年一度的河蟹节的到来。

我国吃蟹历史悠久，在古人看来，食蟹是一件大有讲究的雅事。明代李时珍称赞：鲜蟹和以姜醋，侑以醇酒，嚼黄持螯，略赏风味。

每年，来自上海、江苏、安徽、浙江等地众多参赛单位选送的1000多只河蟹会竞逐全国河蟹产业界的这项"奥斯卡奖"。2019年的河蟹大赛参赛单位突破了80家，参赛河蟹超过2000只，规模为历届之最。

这些参赛螃蟹一个个张牙舞爪，吐着泡泡，偶尔还会和同伴"肉搏"一下。要问"蟹王""蟹后"怎么选？这可是大有讲究的。

首先要给参赛螃蟹们量"腰围"，再称体重，裁判们会把数据逐一输入上海海洋大学开发的"全国河蟹大赛评比软件系统"中，由电脑再综合参赛河蟹的体重、壳长、肥满度和个体差异后打分，从高到低排序来确定金蟹奖。此后，再在金蟹奖中由专家根据色泽、气味、口感等评选出最佳口感奖。奥斯卡奖设有影帝和影后，河蟹评比也不例外，个头最大的分获"蟹王"和"蟹后"，2019年这两项殊荣都被来自江西鄱阳湖的河蟹获得。

之所以会有这样一个特别的文化节，还是出于上海海洋大学的学术渊源，作为中国历史最悠久的高等水产专业学府，上海海洋大学被誉为"中国现代水产教育的摇篮"，水产专业是我们学校的金字招牌。

20世纪80年代，上海海洋大学就率先在国内采用电子显微技术揭示家鱼人工授精奥秘，创新人工养殖技术，不仅让国人能吃上鱼，还要吃上好鱼。

20世纪90年代，上海海洋大学率先开展藻类微观研究，进一步丰富国人的"菜篮子"。学校主持或合作培育的新品种团头鲂"浦江1号"、新吉富罗非鱼、中华绒螯蟹苗种及养殖关键技术等5项成果先后获国家科技进步二等奖。

2019年3月，上海海洋大学拥有的我国第一艘远洋渔业资源调查船"淞航"号正式下水。它不仅是大洋渔业资源与环境调查的国家重大科学设施，也是国际化的流动实验室。

同时，上海海洋大学专家团队还长期代表我国农业部、国家海洋局等，参加三大洋十余个国际渔业管理组织的科学谈判，且多次参与国家渔业法律与经济政策的修订，为维护我国渔业尤其是远洋渔业权益提供技术支持。

在上海海洋大学，老师们的教学思路就是授人以"鱼"，考人以魟鲃鲀鱿鲃鲂鲉鲌鲥……全是水产品。

在学界，21世纪也被称为"海洋世

纪"，远洋渔业属于资源型战略产业，海洋被称为"人类未来的粮仓"。来这里学习，前景无限。

拥有属于自己的田地，
体验种植乐趣

///

读书，交朋友，兼职……你以为在大学就只能做这些吗？不，在上海海洋大学，如果你想体验农耕的乐趣，你还将拥有一片田地进行耕耘。于学习之余，在林荫间，怀着收获的希冀，在属于自己的田地上挥洒着汗水，还有机会赚取学分哦！

尤其是农林经济管理专业的同学，与之配套的有一项由该专业承办的特色赛事：大学生企业经营模拟沙盘大赛。这是一个体验现代企业经营与管理的实践平台。简单来说，该专业的同学可以通过这个平台，锻炼自己的决策能力，站在全局的角度思考企业发展方向。

这个专业举办的另一项特色赛事就是田园实践创新大赛。只要你想做，你就可以体验前所未有的劳作乐趣，堪比缩小版的农家乐，甚至可以体验一把自主创业的过程。

校园里还有一群特别的小可爱，每当期末或者考研进入倒计时，各个专业的同学们在担心自己的头发会不会掉光时，它们泡在图书馆里却从来不掉发，人称"神奇猫馆长"。打滚、舔毛、摸爪……不管风吹日晒，它们雷打不动，日日守护着海大图书馆，"馆长一号"学习认真，"馆长二号"靠美颜吃饭，还有海大校园的"靓仔"……如果哪天你遇到了它们，记得打个招呼，不过超级"臭屁"的它们说不

定会拒绝合影哦！但不可否认的是，这群"喵星"人的存在为校园增添了灵动的美，试问有谁能拒绝这么可爱的猫猫呢！

我觉得一所大学的成就不在于培养了多少位名人，而是在于学子们离开它后心中留存的美好记忆。朋友圈里，每每提起大学时光，同学们抒发的都是赞许与怀念。

曾听学长说，上海海洋大学的非官方校训是"把论文写在世界大洋和祖国的江河湖泊上"。从海洋走来，一路朝气蓬勃；向世界走去，胸怀鸿鹄大志。⚹

报考须知

录取

- 专业录取规则。学校对于进档考生，以投档分数为依据，按各专业招生计划数，从高分到低分进行录取；各专业间无志愿级差；专业录取时总分含各省政策性加分。
- 同分录取规则。按各省（自治区、直辖市）投档的分数位序进行顺序录取；无分数位序的省（自治区、直辖市）文科（或无选考科目要求的）依次比较语文、外语、数学成绩；理科（或有选考科目要求的）依次比较数学、外语、语文成绩。
- 调剂录取规则。对达到学校最低录取分数线但未进入专业志愿、且愿意服从所有专业调剂的考生作调剂录取。考生只在被投档组内的未录满专业予以调剂录取。学校将根据考生综合情况在未录满的专业中予以调剂录取。对于不服从专业调剂的考生予以退档。

专业要求

- 海洋渔业科学与技术专业行业用人单位一般只招男生，女生慎重报考；其他招生专业无男女比例限制。

外语语种要求

- 除英语专业高考外语考试语种为英语外，其他专业入学外语考试语种不限；入学后外语教学语种：日语专业为日语，朝鲜语专业为朝鲜语，其他专业为英语。

加分

- 学校认可教育部和各省（自治区、直辖市）招办根据教育部相关规定给予考生的全国性加分政策。学校原则上认可考生具备的所有加分项中最高分一项，且最高不超过20分。

华东政法大学
East China
University of
Political Science
and Law

背起青春的行囊，
风华"政"茂

◎文/红茶　受访者/吴玮　图/图虫创意 华东政法大学官方微博

华东政法大学属于老牌政法院校，是我国第一批高等政法学院，也是上海最早设立法学硕士点和博士点的大学，曾享有"东方哈佛"的美誉，并培养了邹韬奋、张爱玲等一大批人才。

芳草地、红砖墙……这里的点点滴滴都透出华东政法的厚重、沧桑，及其独特的人文底蕴。在这里，我们都向着看似遥不可及的未来做着自己最倔强的努力，开始了破茧前的历练。

十八岁的路上，
幸好有你

///

虽然华东政法没有"双一流"的名头，但在全国第四轮学科评估中，其法学被评为A等，与北大、武大、清华、西政并列，这足以说明其含金量还是挺高的。就业方面，华东政法与西政在业界被视为是品质的保证，尤其在苏浙沪一带，华东政法优势明显。如果你未来的就业方向是律师或者公司法务，华东政法可以给予你足够的底气和实力，就俩字"不怂"，而且业内认可度非常高！即使你今后想要考研，很多学校，包括清华、北大的法学专业也都非常喜欢来自华东政法的学生。

这样的底气源于华东政法浓厚的学术氛围，大多数法学老师的专业功底都非常扎实，让人有高山仰止的感觉。这里有穷尽毕生心力证明"人生而平等"这一命题正确的老教授李锡鹤；这里有三赴德国求学花费二十万购得大量德文民法原著的民法学教授金可可；这里也有民法学功底极为精深，潜心学问几十年的戴永盛教授；这里还有深受学生爱戴，著名的刑法学家刘宪权教授……而最妙的地方在于：这些人并非遥不可及，他可能就是你某一门专业课的老师，在你进出校园的时候，他们就从你身边走过，好像也无甚稀奇。

在华东政法，你不仅能学到严谨专业的法律知识，更有许多校园文化活动助你开阔眼界，启迪心智。

四年的时间里，我和同学一起在明法楼里"东奔西跑"地听专业课，一起体验蹭课的"站无虚席"，一起在台灯下"肝"完论文，一起在期末考试后如释重负，一起为社会实践的课题通宵达旦设计提纲，一起在比赛后"放肆"庆祝。

在同届小伙伴中，有热衷于团学工作的五四奖章获得者，有携笔从戎、热心公益的暖男，有集摄影、书法、编舞多种才艺于一身的文艺女青年，有跆拳道黑带一段的学霸姑娘，有五星级学术社团"青年法学会"女掌门……每个华东政法的学子都已或多或少地实现了自己或大或小的青春梦想，都已形成了严谨的法治思维，长成了华政人的身量。华政园里的青春时光没有白白流淌，它们已转化成了陪伴我们远行的背囊。

来了，来了，
他们带着神仙试卷
过来了

///

能和医学生考试月繁忙景象一较高下

的，法学专业算是其中之一。法学专业的考试周，你觉得我们的心情如何？苦不堪言，悬梁刺股，还是高喊着"拼了"？

嗯，见证真相的时刻到了。

不知是哪位"神仙老师"开了个好头，让期末考试变成了法学院老师的欢乐编剧秀场。考不"死"人誓不休，你不出点有故事性的期末考题，都不好意思说你是法学院老师！

来，小伙伴们，请看题！

家徒四壁、欠债累累、妻子闹离婚……遭遇这一系列人生困境，河湾村的王大锤一跃成为某学期华东政法大学法律学院大二《刑法案例研习Ⅱ》期末考试中《浮生》主人公。题目以主人公王大锤的人生经历作为考题发展线索，并结合《刑法学分论》知识点与归入分析法对学生进行考查，在4338字中讲完了王大锤悲惨而又无奈的一生。题干一共4338字，嗯，这和莫泊桑《我的叔叔于勒》或鲁迅《狂人日记》字数相当。甚至还有环境描写，还分了幕，简直就是一集迷你版的法制剧集脚本。限于篇幅，不能将整个故事和大家分享，深感遗憾。

这样的"神仙"考题现象不止一例，还有关于《爱的代价》民法考题引发的网易云音乐"留言堵塞"。

法律老师屡次"红出圈儿"，原因何在？

因为这里人才云集，有司法部优秀教师，也有上海市领军人才……荣誉虽多，但这些老师却不"高冷"，反而常常被学生用"可爱"来形容。课堂上，他们用案例解析法律条文，一只"猪"也能化成形象的教学案例；课堂外，他们与学生交友、交心，"迁神""姚总""一鸣学长"等亲切的外号都是学生对他们喜爱的见证。

在华东政法，不仅有"神仙"试卷，还有一边甩肉，一边赚学分的爆款减肥课程！当然它也有正式学名——运动营养与科学减肥。不过想上这门课？脂肪要先够！只有切实有减肥需求的同学才能选，那些瘦子以及标准身材的人就别凑热闹了。

在华东政法，你不仅可以学习到一流的法律专业知识，更能培养出自我反思的能力和关心社会民生的责任感。在老师和各位学长学姐的帮助下，你会成长为一名优秀的法律人才！

报考须知

录取

- 学校在专业录取时以"分数优先、遵循志愿"为原则，各专业志愿间不设级差分。已进档考生按投档成绩由高到低排序，依次按考生所报专业志愿，对照各专业录取要求，进行专业录取。

- 专业最低录取分数线上的同分考生，按照语文、外语、数学成绩依次进行比较予以录取。对上海市同分考生还将参考综合素质评价信息。学校录取线上的考生所填报的专业志愿均无法满足时，若考生服从专业调剂且身体条件符合学校招生要求，则调剂到招生计划尚未完成的专业；若不服从专业调剂或不符合录取要求则作退档处理。

侦查学专业

- 提前批次侦查学专业在第一志愿考生生源不足时，学校在同批次录取控制分数线上可接收非第一志愿考生，学校结合考生身体条件，按缺额计划数择优录取，若符合条件的生源仍不足，将结合考生身体条件，进行征集志愿。

- 列入本科提前批次招生的侦查学专业：学校不单独组织且不采用公安类院校的政审、体检和面试，录取时参照教学司〔2003〕16号文件公安类专业体检标准执行。

- 具体为：裸眼视力任何一眼不低于4.7；云南、贵州、四川、重庆、广东、广西、海南、江西八省（自治区、直辖市）的男性考生身高应在1.68米以上，女性考生身高应在1.58米以上；其他省（自治区、直辖市）的考生，男性考生身高1.70米以上，女性考生身高1.60米以上；无色盲、色弱；无口吃；未婚，年龄在22周岁以下；在实际录取过程中，学校可根据生源实际情况适当调整身体条件要求。

上海外国语大学
Shanghai
International
Studies
University

在最美时光遇见你，
也遇见最好的自己

◎文/颜一弋　图/@金朱卜Jubo

上海外国语大学的松江校区，有一尊明黄色的雕塑——"Dream Conviction Love"，这三个词犹如一束灯光，在无数个深夜，照亮每一名上外学子努力前行的路。

初见:
西索儿不仅代表的是求索精神,
也代表更广阔的世界

大约所有爱的起源都是乍见之欢。

任谁初到上外校园,都会被她的"万国建筑"所吸引。作为一所主打语言的高校,她的建筑风格也如纷繁的语言一般,迥异、迷人。

英语学院教学楼是英式维多利亚风格,尖顶红墙,华贵大气;俄语学院教学楼端庄典雅,金黄色的洋葱状半圆顶让人恍如置身于莫斯科;日语学院教学楼简洁含蓄,正如日本含蓄内敛的文化,教学楼前的小花园里种满了樱花,每到樱花盛放的季节,芬芳扑鼻……除此之外,还有罗马建筑风格的西方语学院、法式建筑风格的国际金融贸易学院、宛如美国国会大厦的图文中心(图书馆)等等,不一而足。

在这样的校园里学习生活,仿佛生活在微缩的万国世界,充满了惊喜和异域风情。

新生报到,学校安排了许多热情的学长学姐帮助我们熟悉校园。作为过来人,他们总能迅速洞察我们的需求。我的领路人是一名德语系学长。报到那天,他领我去宿舍,帮我拿行李,带我参观整座校园,向我讲解食堂饭菜指南、图书馆占座技巧和不同社团的风格。在他的指引下,这座陌生的校园迅速变得亲切起来,而我初来乍到的拘谨也一扫而空。

学长告诉我:"上外不会让你失望。"

他的这句话是有事实依据的。参观校园一路走来,我亲眼见证了无数努力的身影——运动场上挥汗如雨的、为社团卖力吆喝的、坐在长椅上认真看书的以及在小河边努力背书的……无论是生活还是学习,上外人都充满热情,砥砺前行。

后来我才知道,上外人总是自称"西索儿SISUer",取自上外英文名(Shanghai International Studies University)首字母。学长说:"西索儿代表的不仅是求索精神,也代表更广阔的世界。"

当时我并不能理解这句话的意思,直到我加入了学长推荐的一项爱心活动——周末去儿童医院为重症小朋友朗读童话。这项公益活动已经在上外传承了数年。童话朗读并不像表面看起来那么简单,它要求朗读者不仅要用小朋友易于理解的方式演绎童话,而且要生动有趣。

学长学姐朗读时,总能和小朋友打成一片。而轮到我时,就变成了一个人的独角戏。这样的对比让我感到挫败。好在有学长学姐的鼓励,他们说:"你要真正地融入他们"。

在他们的帮助下,我渐渐领略到其中的精髓,和小朋友之间的互动也越来越默契。犹记得那个充满阳光的午后,当我讲完童话故事时,学长学姐和所有的小朋友将经久不息的掌声送给了我。那些平日里备受病痛折磨的小朋友脸上都洋溢出快乐的笑容,我望着他们,忽然明白了什么是更广阔的世界。

梦想：
用英语的魅力去征服世界

同所有大学新生一样，从来到上外的第一天起，我经历的一切都是前所未有的体验。

第一次离开家，离开父母的庇佑；第一次独自生活，学着去面对一切；第一次没有了紧张的课业压力；第一次有了自由支配的时间……太多的第一次充斥在内心，让我一时之间无法适应。

夜晚从图书馆出来时，望着满天的星辰，我不禁想到，经历了千军万马过独木桥的高考，考上了理想的大学，可是我的未来在哪里？我的梦想又是什么呢？

在大一那个渐冷的深秋清晨，我遇到了站在树下努力背单词的同学。谈及梦想，她似乎一开始就很坚定地立志成为一名法语口译员。她的父母都从事法语翻译工作，大约是受家庭因素的影响，从小耳濡目染，倒也顺理成章。她转而问我："你呢？"

"我？我不知道……"

她望着我，眼底写满了诧异，"那你又为什么要学英语专业呢？"

是啊，回想当初高考填志愿时，我不顾父母的反对，执意要选英语专业，不就是因为心底的那份喜欢和爱吗？语言中有着不可言说的静美，像是广袤无垠的生命原野，散发着自然而纯粹的气息，这不正是我当初义无反顾的原因吗？

我爱英语，我想成为一名口译员，我想用英语的魅力去征服世界——这是最初根植在我心底的梦想，但却消弭在大一刚入学的不适应与激荡中。那些激荡回过头去看时，却觉得如此不值一提，不过是我们必经的过程。

恍然醒悟过来的我，像极了振翅高飞的鸟儿，哪怕学飞时历经坎坷，却也终于找到了翱翔在蓝天里的快乐与满足。路很长，路上的人生早已开始。

信念：
朝着目标前进就够了

老话说得好，台上一分钟，台下十年功。

英语学习从来没有捷径与运气，靠的就是数年如一日的坚持。背单词、练口语、听BBC、看《Economist》杂志成为了我每日的必修课。时间一长，枯燥而单调的重复就成为无法避免的腻。特别是在缓慢的进程中，我看不到自己的一点进步，仿佛陷入永夜，等不到黎明的曙光。

那是我很苦恼的一段时光，一度再次陷入深深的迷茫。

好在碰见了吴刚老师。除了授课之外，他平时还会参与一些笔译的工作。他告诉我，语言学习本就是漫长的过程，从来都不是一蹴而就的。他学习了那么多年的英语，可是在毕业后第一次参与到书籍翻译时，竟是无从下手。文化的差异、语言的差异、对原作者的了解和揣摩，都让他无所适从。他说当时的他就如同现在的我，迷茫，质疑一切，不知道自己所学是否有用。可是万事开头难，当你坚持下去，熬过了最初的苦，后面收获的就是甜。

事实也确实如此。

几年后，凭借数十年孜孜不倦的坚持，吴刚老师终于在《霍比特人》的译作上大获成功，获得了业内的诸多赞誉。后来我拿着《霍比特人》去找他签名的时候，他笑着对我说："我又不是名人，签什么名。你要记得，努力总会有收获的。不要去想结果，只要朝着目标前进就够了"。

犹如拨云见日，那一刻，成为一名口译员不再仅仅只是梦想，而是成为我的信仰，伴着我的血液流动，生生不息。

我转变了心态后，学习不再成为一种负担，反而成为某种享受。

课余，我从图书馆里借来了许多外文原版书籍，深深沉浸在英语写的故事中。我们班上的大部分同学都很喜欢英美文学，我们一起改编文学作品，自导自演话剧，倒也成为大学时代不可多得的经历。❀

报考须知

📜 录取

● 调档时认可省（自治区、直辖市）招生机构根据教育部相关规定计入考生投档成绩的全国性政策加分，分值最高不超过20分。

● 进档考生按投档成绩从高分到低分排序，学校根据招生计划及录取要求，顺序进行录取。

● 学校在专业录取时以"分数优先、遵循志愿"为原则，各专业志愿间不设级差分，按投档成绩由高到低排序，依次按考生所报专业志愿，对照各专业录取要求，确定录取专业。若考生投档成绩相同，则依次比较外语成绩、高考实考总分、语文成绩、数学成绩。若上述情况完全相同，学校则使用预留计划录取。学校录取线上的考生所填专业志愿均无法满足时，若服从专业调剂且符合录取要求则可调剂到招生计划尚未完成的专业，若不服从专业调剂或不符合录取要求则作退档处理。

Ⓐ 外语语种要求

● 高考外语语种为英语的考生，可以报考所有外语专业；俄语、德语、法语、西班牙语、日语考生可报考本语种专业。所有非外语类专业不限语种。

● 学校外语类专业除本专业语种教学外，均开设英语必修课程；学校非外语类专业均开设英语必修课程，部分专业课用英语授课，所有学生应按学校课程设置进行学习。

● 考生报考学校外语类专业均须参加各省（自治区、直辖市）招生机构组织的高考外语口试且成绩合格（未组织口试的省份除外），广西考生高考外语口试须达到A等级。学校在普通类型招生时不再单独组织外语口试和专业面试。

上 海 高 校 专 业 推 荐

高校	重点专业 & 新设专业	招办电话
复旦大学	**重点专业：** 哲学、国际政治、汉语言文学、历史学、数学与应用数学、物理学、化学、生物科学、材料科学与工程、临床医学、新闻学、管理科学、金融学、产业经济学等	021-55666668
上海交通大学	**重点专业：** 临床医学、计算机科学与技术、土木工程、机械工程及自动化、软件工程、材料科学与工程、电气工程与自动化、电子科学与技术、化学工程与工艺等 **新设专业：** 儿科学、人工智能	021-34200000
同济大学	**重点专业：** 建筑学、土木工程、城市规划、交通工程、车辆工程、材料科学与工程、地质工程、环境工程、机械设计制造及其自动化、数学与应用数学等 **新设专业：** 人工智能	021-65982643
华东师范大学	**重点专业：** 汉语言文学、历史学、心理学、软件工程、地理科学、对外汉语、化学、学前教育等	021-62232212
上海财经大学	**重点专业：** 财政学、工商管理、国际经济与贸易、会计学、金融学、统计学等	021-65904372
华东理工大学	**重点专业：** 高分子材料与工程、过程装备与控制工程、化学工程与工艺、新能源材料与器件、应用化学、制药工程、资源循环科学与工程等 **新设专业：** 精细化工	021-64252763

speciality recommend

上海大学	**重点专业：** 电子信息科学与技术、化学工程与工艺、金属材料工程、机械工程、美术学等 **新设专业：** 网络空间安全	021-66134148
东华大学	**重点专业：** 纺织工程、服装设计与工程、高分子材料与工程、功能材料、轻化工程等	021-62379160
上海理工大学	**重点专业：** 光信息科学与技术、机械设计制造及其自动化、热能与动力工程等	021-55270799
上海外国语大学	**重点专业：** 阿拉伯语、德语、俄语、法语、日语、西班牙语、英语等 **新设专业：** 语言学	021-55386006
上海海事大学	**重点专业：** 航海技术、航运管理、机械设计制造及其自动化、轮机工程、物流管理等	021-38284395
华东政法大学	**重点专业：** 法学、侦查学、法律史等	021-57090220

高校 SHOWTIME

上海海事大学"录取"一只鹅

上海海事大学"喜提热搜"竟然是因为"录取"了一只鹅。这只名叫咕咕的大白鹅，因为长相"英俊"，原主人舍不得吃，决定给它找一个新家，听说海大有鹅棚，就在微博征求海大的同意。经过请示，海大官博表示接纳了咕咕，甚至还为它颁发了录取通知书，咕咕自此正式成为一名光荣的"上海海事大学新生"。

欢迎来到"上海理工影视基地"

上海最容易偶遇明星的大学是哪所？上海理工大学必须拥有姓名！上海理工大学拥有欧式风格 的建筑、复古庭院和全上海高校排名第一的绿化率，是不少电影、电视剧组的首选拍摄场地，最多的时候有五个剧组排队等待拍摄。《夏至未至》《港囧》等许多热门影视作品都曾在这里取景。

复旦大学"女神老师"陈果走红

复旦大学思修课老师陈果，凭借自己有趣的课堂和独特的思想走红网络，她"讲优雅、谈人生"的课程片段被拍成视频在微博上流传，大家纷纷称她为女神老师。陈老师的课堂金句频出，不少网友感叹，以前总嫌无聊的思修课，竟然也能被讲出焕然一新的感觉，女神老师果然名不虚传。

华东理工大学请毕业生吃红烧肉

华东理工大学的红烧肉远近闻名，多次在上海校园"十大美食"评选中拔得头筹。而每年毕业季，华东理工大学都会面向毕业生开展"红烧肉派送活动"，这逐渐成为华理毕业季的重头戏。"一块红烧肉，永远母校情"，小小的红烧肉中蕴含的，是学校对每一位学子的真切祝福。

重庆

最魔幻

CHONG QING

魔幻城市
无所不能

◎文/脆脆　图/图虫创意

在重庆的魔幻属性没被发现前，这个城市给外地人的第一印象可能是'贾樟柯的《三峡好人》''重庆曾是陪都''重庆谈判''重庆火炉'……

某一天，微博、抖音等网络平台突然开始出现诸如'重庆的洪崖洞好像《千与千寻》里的场景''李子坝的轻轨居然能穿楼'等高热度内容，正在'网络冲浪'的朋友们看到这些内容后，火速买了前往重庆的车票。

电影剧组也赶来这里取景，从《疯狂的石头》到《火锅英雄》再到《从你的全世界路过》，就连《变形金刚》也来了。

终于，重庆这个'宝藏城市'藏不住了。

别大惊小怪，你是在重庆

8D魔幻城市，是重庆继山城、雾都后新鲜出炉的外号，还冒着热乎气儿。

就连没去过重庆的人都知道，重庆有一个黄桷湾立交，不知道是不是设计师在设计时打了个盹儿，留下一串看不懂的"鬼画符"，导航看了都想罢工。走错一条道，可能就是"一别两宽，各生欢喜"。

去过重庆的人感触更深，"为什么我站在1楼的洪崖洞门口，你非要和我说这是10楼，还让我坐电梯往下走？""这里的地铁怎么一会儿在空中一会儿在地下，猝不及防还来个急转弯，难道我是在坐过山车吗？等等，这刚刚又经过了别人家里是怎么回事？""为什么同一个站点的公交车有去无回？"……

十万个为什么一股脑儿抛出来，有些问题就连本地人也不好回答。

而且重庆多山、多雾的天气状况又为这里的魔幻加持了一把。

在重庆迷路，是很正常的一件事。也许你和好友相约在一个地方见面，明明你们都到了却迟迟不见对方身影，此时不妨抬头看看，或许会有意外惊喜。而且重庆人指路是从不说东西南北的，只说上下左右，否则听完你可能更困惑。

重庆主城区里，你很难看到共享单车的身影，因为巨大的地势落差，导致"梯坎"在这个城市随处可见，单车毫无用武之地。

　　如果你住在10楼，无意间从窗外看到有人飘过，也不必惊慌，你看到的不是"聂小倩"也不是"蜘蛛侠"，没准只是隔壁新搭建了一架天桥。

　　没什么可大惊小怪的，这就是重庆的日常。

城市越长越像，重庆不一样

　　城区越扩越大，高楼越建越高，城市长得也越来越像……这样的城市很美，高楼林立，就连照片拍出来也显得高大上，但总觉得像是照着一个模板做出来的流水线产品，缺少灵魂。好在重庆一直守着自己的生活态度。

　　在重庆，你走进一家"苍蝇馆子"，可能是没有菜单的，那几道知名江湖菜，你看着点，厨师看着炒，味道总不会让你失望就是了。

　　重庆的"棒棒军"至今还出没在各大商圈和批发市场门口，他们手握一根拳头粗的楠木棒，两头挂着一根挽成结的尼龙绳，挑再沉的货也不在话下。

　　住在江对岸的上班族，可能不乘汽车也不坐轻轨，他们顺着一条索道2分钟就能溜到对岸，甚至有人因划船渡江上班上了新闻。

　　吃火锅时，还没走进去就看到店门口大大的标语写着"微辣是最后的底线"。

　　虽然重庆"规矩"不少，但刚来这里的人也不会气恼，反而乐呵呵地入乡随俗，过得倒self滋润自在。甚至不少"渝漂"谈及留在重庆的原因时，都提到了一点——我是在这里生活，而不是打工。

　　重庆的生活，就这样藏匿在沿着山脊线修建的摩天大楼下。

　　一边是摩天大楼组成的超级都市，一边是千百年来未曾变过的生活方式和口味，在重庆，这两者神奇地组合在一起，不仅不让人出戏，反而为重庆的魔幻属性添了把劲儿。

　　立交桥轻轨和让人懵圈的楼层，是外在的魔幻。

　　在这里生活，你会感到什么是"真魔幻"。你无需特意来到人潮拥挤的洪崖洞，幻想自己穿越到了宫崎骏勾勒的"动漫世界"，在这个城市你随便找个"旮旮角角"住下就是了。你想要的这里都有，你也离不开。

重庆大学
Chongqing
University

人文荟萃，
这是重大

◎文/陈道远　图/田晓晓　重庆大学学生会

走在重大的校园里，
你会感到一份安定从容。
那些经过历史与风雨沉淀
的老建筑，也彰显出一份
古朴与宁静。

藏在重大
老照片里的岁月

///

走在重大的校园里，你会感到一份安定与从容，这也许和校内有很多老建筑有关，它们经过历史与风雨的沉淀，彰显出古朴和宁静，也不负重大"建筑老八校"的盛名。在沙坪坝老校区，你至今依旧可以在工学院、文字斋、理学院和图书馆感受到传统的文化之风和厚重的建筑之美。

工学院、文字斋和理学院是学校里保留下来的年代最久远的建筑，它们均建于民国时期，位于嘉陵江畔的高台上，且相隔不远。

工学院是以方正的条石修砌成的三层欧式建筑，这也是学校仅存的欧式风格建筑，至今仍作为人文学科的教学楼使用；文字斋和理学院则是青砖黛瓦斜角屋顶式的古典风格建筑，在一本名为《老重大，老照片》的画册里，理学院出现的次数最多。这一带在过去是重大教学活动

的中心区，学校在20世纪的不少黑白留影照片，都是以这两处为背景的。如今，当你漫步至此，时常能遇到几个或穿民国风服饰或穿汉服的温婉少女，在这两层小楼前拍照。

老校区图书馆，据说是在20世纪80年代逸夫楼的基础上扩建而成的。图书馆看上去倒也平常无奇，但馆内四处可见厚重的木桌木椅、精致小巧的吊灯、欧式风格的桌灯、古朴典雅、落地立式钟表等，整体布置简约、大气。这和许多民国题材影视剧的室内陈设很相似，于是"民国风图书馆"也一度走红网络，吸引了不少人前来打卡。

到了毕业季，同学们会穿上学位服，和一群好友到这些建筑前留下自己在校园的最后身影。

教室D1314
窗内是一生一世，
窗外是四季流年

///

山城重庆，湿润而清幽，给人一种江南小镇的氤氲之感。于是，重大整个校园

都萦绕在一种浪漫的氛围里。

虎溪第一教学楼D1314因为寓意好，火遍了朋友圈，教室没有排课的时段，许多人会选择在这里表白。不仅教室编号有寓意，教室外的景色也为这里增添了些许浪漫，推开窗便能看到一片花海，因此D1314被称作是一间可以看到四季的教室。窗内是一生一世，窗外是四季流年，仿佛有一种冥冥中注定的浪漫。

除了教室，重大浪漫的地点还有很多。虎溪后山的缙湖，每到仲夏，荷花盛开，湖上有成双嬉戏的黑天鹅，湖后是一面颇为平缓的山坡草甸，名唤情人坡；山坡顶上有树木葱郁，有一座亭子，名曰风雨亭，也唤"望妻亭"。如此景色，再配上常来这里的一对对甜蜜情侣，那就是一幅物我和谐的水墨画，堪比西湖断桥的景致。

在如此浪漫的氛围里待久了，重大的男生自然也变得浪漫。每当女生节到来之际，男生们会给女生拉横幅、送礼物、帮她们完成心愿墙上的小心愿……有部分男生，还会选择在这段时间变着法儿地向喜欢的女生表白，比如想方设法拿到暗恋对象在心愿墙上的愿望，于是一段缘分就这样开始了。

拉告白条幅，更是让男生们绞尽脑汁，不同院系的男生间还会暗自比拼，比如"看遍天下美女，只爱汽车妹子""三千弱水为君留，白衣素素待渝州""我想要带你去看浪漫的虎溪，然后一起去辛辛那提"……

一起来参加
重大90岁 "生日趴" ///

2019年，重大迎来了自己的90岁生日。生日前夕，整个学校都在为即将到来的校庆做准备，铆足了劲儿要给学校办个大型生日派对，于是少不了一系列纪念活动。

唱歌、征集文字、录影像、排演舞台剧等各种形式的活动，都在学校里陆续开展起来，如研究生歌唱校园大赛、舞台剧《暗恋桃花源》等。虎溪大剧场自建成投入使用以来，校内外的各类晚会也在这里接连举行。

校庆期间，学校在虎溪校区举行了"全校健康跑"活动和田径运动会。运动会开幕式上，各学院以纪念90周年校庆为主题表演了开场舞，学生们也"脑洞大开"：队列中出现了"哈利·波特"骑扫帚、流浪地球主题、川剧变脸、古装剧场等丰富的表演形式。

学校还向重大学生和校友征集有关学校的各种资料和影像，征集校友的重大记忆以及学生对重大的寄语。另外，还组织开展重大校旗在各大城市间的传递活动，将各地的重大人紧密联系在一起。

重大"生日趴"现场，给每一位重大人心中留下了一份难忘的回忆。未来，我们也会以重大人的身份，奔赴不同的目的地。

报考
须知

录取

- 录取时，第一批投档考生的专业安排实行分数优先兼顾专业志愿顺序原则，从高分到低分顺序录取并安排专业。当投档成绩相同时，不设专业级差，专业志愿靠前者优先安排专业；专业志愿也相同者，按数学、外语、语文科目成绩排序优先安排；相关科目成绩仍相同时，则调整专业计划录取。
- 非第一批投档（或顺序志愿的非第一志愿）进档的考生，依据本条上述规定，在未录满专业中进行专业安排。
- 当考生填报的专业志愿均未满足时，对服从专业调剂者，从高分到低分依次调剂到未录满专业，对不服从专业调剂者，作退档处理。

中外合作办学

- 重庆大学-辛辛那提大学联合学院的电气工程及其自动化（中外合作办学）专业和机械设计制造及其自动化（中外合作办学）专业属于中外合作办学项目，调剂时，只录取填报有该类专业志愿的考生，若考生没有填报任何中外合作办学专业志愿，将不会被调剂录取到中外合作办学专业。该学院录取的学生入校后不得转入其他学院学习。

外语语种要求

- 英语专业只招收英语语种考生。软件工程、会计学（ACCA方向）、重庆大学-辛辛那提大学联合学院的电气工程及其自动化（中外合作办学）和机械设计制造及其自动化（中外合作办学）专业因使用英文原版教材和外籍教师教学，非英语语种考生慎报。

西南大学
Southwest
University

送你一封
旧情书

◎文/张梦琦　图/Portral60

"嘉陵江畔，缙云山下，一片宁
静沃土，西大坐卧其间。长路悠悠，时
光尚慢，温情浸染，润物无声。"

见字如面，
慢递时光

///

114年的积淀，注定了西南大学底蕴深厚，气质不俗。

2019年4月19日上午，中心图书馆的阳光长廊里回荡起了深情的朗读声，那是学子们在体悟一封封穿越百年岁月而来的书信。"筚路蓝缕启桃李，鱼雁有信到西南"，这是学校举办的书信展活动。以校史变迁为线索，以校名更替为脉络，集中展示了1940年至1960年这段艰苦奋斗的岁月里西大学子的求学历程。

除此之外，中心图书馆还一直有"时光慢递"和"西大印记"的传统。顾名思义，"时光慢递"是给未来的自己写信，你可以自定收信时间，只要将写好的信放入"慢递邮箱"，彼时，你的信便会如约而至。或许，你可以给未来的自己一个承诺，让西大慢递来当你的见证者，一同分享你的光阴故事。

"西大印记"则是每张书桌上小盆栽里悬挂的记忆卡片。当你坐在木色的书桌前，明亮的落地窗边，置身书海的世界时，你会想到什么？写下来吧，记录这一刻。

人们总说时间是一只藏在黑暗中温柔的手，恍惚之间便斗转星移。而在西大，岁月悠长而宁静，时光从来不匆匆。

"复古"课堂
带你品味纯情年代

///

如果你的文学课老师是一位长发及腰、身着浅色旗袍的古典美人，你还会想在课上玩手机吗？她的一颦一笑，似乎都能带着你的思绪回到那个纯情的年代。

这个古典美人就是我们的董老师。她"复古"却不古板，思想开放而新潮，能和学生打成一片。在课上，她的"60年代即兴歌舞个人秀"说来就来，她总能将时下最火的电视剧结合到她的文学课中。讲到婚姻与爱情，她鼓励同学们大胆分享择偶标准，在听到颜值是首要标准时，她和我们一起大笑，气氛实在欢乐。

董老师所有的课我们都会代称为"朗读课"，并非因为所有的课她都教我们朗读，而是她在教学过程中会培养我们朗读的习惯。遇到经典语录，她就会要求我们充满感情地朗读，还总是会带读、纠正读法。有一次，一个男同学读到王小波的"我把我的灵魂都给你……它真讨厌，只有一点好，爱你"时，读了好几遍总是找不到感觉，最后读得满脸通红。

在这样的课堂，学生们哪儿还有心思玩手机呢？董老师在课堂上不仅载歌载舞，还金句频出。她说："我们的心要像一片汪洋大海，他人的无理，生活的琐事，都只是小石头，掀不起波澜，终将石沉海底"。

从西大的 "全世界" 路过 ///

如果你问一个西大学子"提到西大运动会，最先想到的是什么"，他们的回答可能是："施廷懋又双叒叕夺冠了？"

奥运冠军施廷懋学姐，拿金牌简直拿到"手软"。如果你在西大运动会开幕式上见过施廷懋，那这事儿应该能让你骄傲整个大学时代了。

除了在运动会上看奥运冠军，看国旗队的小姐姐也是件幸福的事。西大女子国旗班的同学们各个才貌俱全，她们亮相过重庆人民大礼堂，赴央视参加过《五月的鲜花》节目录制。当平均身高1.73米的国旗班同学，迈着整齐矫健的步伐向你走来时，就问你是不是也感到自豪？偶然

的一次机会，我还曾看到过一张20世纪80年代西大运动会的照片，照片里的女学生身着蓝色套裙，这身装扮即便放在今天也是时髦的。

除了盛产奥运冠军和高颜值的小姐姐，西大还走出了袁隆平院士、侯光炯院士、吴宓先生等各领域的"大家"。

同时，这里还是诸多影视剧的取景地。西大的校园被分为了梅、竹、李、橘、桃、杏等生活园区，借着山城独特的地势和学校里树木环绕、繁华簇拥的景色，西大被《从你的全世界路过》剧组选中，他们在这里演绎了"燕子"和"猪头"的爱情故事。

你要不要来这里，从西大的"全世界"路过？

录取

- 考生的专业安排实行专业分数级差原则（中外合作办学专业除外），即按照考生填报的专业志愿顺序和成绩，根据专业志愿分数级差"2/1/1/0/0"后的等效分择优录取。考生所有专业志愿都无法满足时，若服从专业调剂，则根据考生成绩和专业志愿等情况调剂到其他未能录取满额的专业；若考生不服从专业调剂，则作退档处理。

- 中外合作办学专业安排实行专业志愿清的原则。即先将进档的第一专业志愿考生安排结束后，依次录取第二、第三及后续专业志愿考生直到完成专业招生计划。

- 在专业录取时，对高考投档成绩等效分相同的考生（江苏除外），文史类考生参考文综、语文、外语、数学成绩，理工类考生参考理综、数学、外语、语文成绩，综合改革类考生参考数学、语文、外语成绩后择优录取。艺术类专业同分排序按照该校当年艺术类招生简章执行。江苏考生填报该校选测科目须达到B+和B，必测科目须达到4C1合格，在同分条件下，选考科目等级高者优先。

中外合作办学

- 西南大学西塔学院是经教育部批准，由西南大学与澳大利亚西澳大学、塔斯马尼亚大学联合设立的中外合作办学机构。招生专业包括生物技术、经济学、电子信息工程、食品质量与安全4个专业。

- 西南大学中外合作办学项目包括心理学、软件工程、自动化、计算机科学与技术、植物科学与技术、动物科学6个专业，由西南大学分别与澳大利亚国立大学、澳大利亚迪肯大学、澳大利亚西澳大学、新西兰奥克兰大学、美国密苏里州立大学以及澳大利亚詹姆斯库克大学合作举办。

重庆邮电大学
Chongqing University of Posts and Telecommunications

人人都可以是 "大梦想家"

◎文/丸酱kiki 图/赵朗 重庆邮电大学微博协会

如果想走学术路线，有1/4的同学可以到各大名校读研深造。

如果想走技术路线，在"BAT"（百度、阿里、腾讯的简称）和"TMD"（企业今日头条、美团、滴滴的简称），你能找到不少校友。

重庆邮电大学绝对不会辜负你的选择。经过学校的四年重塑，你的未来将拥有更多可能。

重庆最"高"学府，///
藏在景区里

重庆8D魔幻城市的名声早已在外，所以如果我说重庆邮电大学是建在山上的，想进城必须得下山，你应该不会感到惊讶吧？

因为地处南山之巅，我们学校号称是"重庆最高学府"，别说我们不够谦虚，毕竟学校的整体海拔在一众大学里是真的很高。在山上有一个好处，空气清新、环境好，不仅校园里的银杏和樱花闻名在外，而且学校附近也有不少景区：一棵树观景台可以纵览重庆的夜景，文峰塔、黄桷古道能爬山，偶尔去老君洞求个平安也是不错的选择。

来学校前怎么也没想到，一所大学的环境可以这么好。究竟多好？是不是吹嘘过度？你可以看看张翰和陈乔恩主演的电视剧《既然青春留不住》，剧中滤镜的加持让重邮又美了几分。

美则美矣，但也总是痛并快乐着。重邮是个"立体"的学校，山路难走，校园里的主干道是盘山路设计，辅以人行阶梯，一众阶梯里，最长的两段阶梯被称为"夺命天梯"和"绝命天梯"，一段总阶梯数约为152级，一段约为75级。时间长了，渐渐地我们就习惯了爬坡，也习惯了每日收获来自好友的微信步数冠军点赞。不过，分享一个真实的体验，如果你在天梯底下吃饭，饭后走过天梯回宿舍，可能又饿了！

值得安慰的是，在景区级的校园里常爬爬"梯坎"，身体倍儿棒！

电子信息行业，///
组团来招人

校园虽美，重邮却从来不是花架子。学校和北邮、南邮、西邮同属于国家布点的四所邮电大学，是中华人民共和国工业和信息化部与重庆市人民政府共建的教学研究型大学。

尽管重邮学科种类相对较少，专业多围绕电子、通信、计算机等学科开设，但走的却是"少而精"的路线，单独的学科实力不容小觑，在专业领域都各自拥有姓名。

到底有多强，还要用事实说话。提起国产3G标准TD-SCDMA，更多人想到的可能是大唐公司，很少有人知道，重邮也参与了这一标准的研发，还制造出了中国自己的3G手机。因着这次研发，我们学校掌握了不少拥有自主知识产权的核心技术，尤其是在终端、芯片等方面，迈出了巨大一步。

也许你觉得这种成就不接地气，离学生比较遥远，那么我们就从小的方面来看。

学生最关注就业，从就业行业上看，2018届有超过一半毕业生的就业行业是信息传输、软件和信息技术服务业，也就是传统意义上的电子信息行业，目前这个行业得益于通信互联网的发展，态势良好；从就业企业上看，每年都有不少同学签约华为、阿里巴巴、腾讯、京东等互联网巨头公司，尤其腾讯的西南总部搬到了重庆，也提供了更多的岗位，移动、联通、电信这三家运营商，更是会在校招季直接来我们学校组团招人。

全国高校冠军战队，
和RNG合作玩电竞

重邮的代表性学科，已经完美融入校园的各类活动里。

比如我们的体育课玩的都是无线电测向，老师会在学校里的几个地方发射电台信号，每个同学拿着一个接收器，通过声音和信号强弱去寻找电台的位置，寻找的过程中不仅拼智力，还拼速度和体力。不过这是曾经的课程设置了，不清楚现在还是否存在。再比如奖学金，不仅有学校奖学金、国家奖学金，很多移动运营商和电子信息领域的公司也纷纷在重邮设有奖学金。

还有一个例子是，学校的很多同学不仅掌握和电子信息相关的过硬技术，玩起电脑游戏来也是专业级水准。正因如此，外界给重邮起了一个昵称——"中国电竞大学"。

我们学校的两个招牌电竞项目是《炉石传说》和《守望先锋》，它们都曾在高校星联赛上拿过全国冠军。尤其是学校《守望先锋》的战队，甚至可以和职业队掰掰手腕。

如果你对这两个游戏都不感兴趣，可以在学校的电竞协会寻找你热爱的方向。我们学校电竞协会的理念是"一切以服务同学电竞体验为宗旨"，所以在这里你不仅能收获一群和你"开黑"的朋友，只要你肯努力，还能收获荣誉和成为职业选手可能性。

玩《英雄联盟》的人都知道，有一个很厉害的职业战队叫作RNG，但你可能不知道，我们的电竞协会和RNG展开了合作，RNG将会独家赞助电竞协会的全部活动。这也意味着，只要你够优秀，打得好直接进青训！或许，RNG的下一个新星能从重邮走出。

录取

• 按照顺序志愿投档的批次，学校优先录取第一志愿考生，在第一志愿生源不足的情况下，根据各省（自治区、直辖市）规定及投档顺序，在相应批次控制线上从高分到低分录取非第一志愿的考生。按照平行志愿投档的批次，学校根据各省（自治区、直辖市）的相关规定执行。

专业要求

• 各专业录取无男女比例限制。

• 学校对报考美术类专业的考生还要求无色盲；对报考体育专业的考生要求男生身高不低于168cm，女生身高不低于158cm。

• 软件工程专业，仅录取填报有该专业志愿的考生。

外语语种要求

• 根据专业培养要求，英语、翻译专业及中外合作办学专业只招收英语语种考生。其余专业不限制外语语种，但学生入校后均以英语为第一外语安排教学，建议非英语语种考生慎重填报。

中外合作办学

• 电子信息工程（中外合作办学）、软件工程（中外合作办学）、通信工程（中外合作办学）属中外合作办学项目，具体招生代码、招生计划以各省（自治区、直辖市）招生主管部门公布的信息为准。录取时，填报中外合作办学项目的考生只能在同批次的中外合作办学项目之间进行调剂，未填报中外合作办学项目的考生不能调剂至中外合作办学项目。中外合作办学项目录取的学生入校后不得转入其他专业学习。

西南政法大学
Southwest University of Political Science & Law

仰望星空，
少年当有为

◎文/何夕　受访者/Ban　图/图虫创意 青峰

"头顶星光璀璨，面前大道朝天。既严谨重法，又宽厚包容，这里是多样西政，容得下年轻时最大的梦想。"

中国学法哪家强？ ///

作为法学界赫赫有名的"五院四系"之一，我们学校的名气在中国的法学教育界可谓是响当当。在法学专业的人才培养上，西南政法大学也的确拥有不容置疑的实力与底气。

其实对法学稍有了解的同学都应该知道，西政在法律圈子里算是一块金字招牌了。我们学校是重庆的名校之一，也是法学圣地、政法一流名校，头顶无数光环，足以照亮后辈脚下的路。在教育部全国第四轮学科评估中，王牌专业法学更是重庆市唯一一个与北京大学、清华大学共同入围A级学科的高校，就问你心动不心动？

在这里，有一线名师为你传道授业，有毕业高就的学姐学长为你答疑解惑，更有上进刻苦的同伴陪你学海遨游。律界有言："西政的法学优势丝毫不逊色于除清北以外的任何一所名校。"

这是结论，也是现实。西政人很少担心就业，很多个人能力出众的学子在毕业前就已被国内TOP级律所、知名私企以及部分央企签走。若是想继续深造，西政学生的专业功底是出了名的扎实，这也造就了西政学子在考研和保研方面的优势。

头顶璀璨星光， ///
照亮前行之路

西政人心中都牢牢记着一代神话——西政"78级现象"。西政在1978年首次招生，共招400人，其中政法学院招了364人。著名法学家朱苏力曾经开出一张国内法学学者"大名单"，名单上近乎一半的学者出身西政，其中78级的数量又居首位；在当时的司法界，有一大批西政78级毕业生身居要职。他们是西南政法大学校史上不可磨灭的星光，是法律界一道独特的风景，后称"78神话"。

一位研究"78级现象"的学者说："正是从这级学生开始，西政人表现出一

种独特气质，他们一边走在泥泞不堪的小道上，一边谈论着他们对时事的看法；他们没钱坐车，却步行到重庆的人群聚集地，告诉劳作奔忙的人们，中国应当向何处去。"

在那之后，西政人将这种精神解释为：学术开明、思想独立、治学严谨、厚德重法、生生不息。这种强烈的使命感和责任感，被历代学子反思、发展并加以传承。

前有先驱，后有来者。近70年来，西政为国家培养了近30万各级各类人才，是全国培养法治专门人才最多的高校之一。在中国法学会组织的7届共70位"全国十大杰出青年法学家"评选中，先后有18位西政校友入选，占比高达26%。

西政人始终牢记头顶的一片星光璀璨，不断前行，立志创造更加辉煌的成绩。

图书馆没座位，
食堂也能上自习

///

西政不仅有着深厚的历史文化底蕴，学习氛围也是没话说。自习室？满的。走廊天台？还是满的。图书馆？当然也是满的。为了给大家创造更广阔的学习空间，学校又出奇招：升级食堂！

这间让西政频上热搜的食堂，有着简约大气的装修风格，纤尘不染的食堂环境，透明的食品制作流程，色香味俱佳的美食，完全颠覆了我们对食堂的固有印象。这里有冰镇麻辣烫、旋转小火锅、香蕉鸡丁、苹果炒肉……连《人民日报》都专门发微博："高校神料理，你想尝尝哪一个？"

但琳琅满目的美食并不是重头戏，延伸食堂功能，打造多样化"第三空间"，才是西政对于食堂的特殊要求。不仅让食堂保留原本进餐休憩的功能，更要成为学习、交流、思想碰撞的场所。为了方便学生们在食堂举行小型活动及交流会，学校在食堂大厅设置了一个半圆形舞台，舞台下方还摆放着桌椅。并且充分利用空间优势，安装了书架，方便学生随手借阅图书。学无止境，随处可学，浓厚的学习氛围，真是让吃饭都变得别有一番滋味。

在日常的校园生活中，除了常见的社团活动，西政还会举办各种实战性赛事，例如"天伦杯"全国政法院校辩论友谊赛，那可是在国内高校中极具影响力的辩论赛。学校特别注重从方方面面提升我们的能力，让我们在每一堂课、每一次活动、每一场比赛中都能获得成长。

"心系天下，自强不息，和衷共济，严谨求实"。这是经过岁月凝练的西政精神。西政人秉承着最初的梦想，无论身处庙堂或江湖，永不言弃，不畏远行。

报考须知

录取

- 学校不录取无志愿考生。
- 侦查学、经济犯罪侦查专业于本科提前批次录取，执行普通本科第一批次录取控制分数线或本科一段线；中外合作办学法学专业及其余普通本科专业在本科第一批次录取。具体录取批次原则上以各省（自治区、直辖市）招生考试机构公布的为准。
- 学校所有专业均无往届生与应届生区分与限制。在进档考生思想政治品德考核和身体健康状况检查合格的情况下，学校按照分数优先、不设专业级差的原则，根据考生的投档成绩和专业志愿的顺序，综合考虑，择优录取。录取时考生的投档分数若相同，依次比较语文、外语、数学、综合成绩。

专业分流

- 录取到专业大类的考生，进校后按学校专业大类分流方案进行专业分流，大类及包含专业如下：新闻传播学类（含新闻学、广播电视学、传播学、网络与新媒体专业）；工商管理类（含审计学、会计学、工商管理、市场营销、劳动关系、电子商务及法律专业）；经济学类（含金融学、国际经济与贸易、经济统计学、金融工程专业）。
- 为便于管理，录取到法学专业的考生，随机分配至民商法学院、经济法学院、法学院、行政法学院、国际法学院、人工智能法学院六个学院学习。

身体要求

- 本科提前批次录取的公安学类专业考生，该校不单独组织面试和体能测试，各省（自治区、直辖市）无特殊要求的参照普通高考体检结果。身体条件基本要求为裸眼视力任何一眼不低于4.7；云南、贵州、四川、重庆、广东、广西、海南、江西八省（市）的男性考生身高应在1.68米以上，女性考生身高应在1.58米以上；其他省份的考生，男性考生身高1.70米以上，女性考生身高1.60米以上；无色盲、色弱；无口吃；未婚，年龄在22周岁以下；在录取过程中，可根据生源实际情况适当调整。
- 按国家有关文件规定，该校本科提前批次的公安学类专业女生录取比例控制在15%以内，在录取过程中根据生源实际情况将进行适当调整。其他专业无男女比例限制。

重 庆 高 校 专 业 推 荐

高校	重点专业＆新设专业	招办电话
重庆大学	**重点专业**：电气工程及其自动化、机械工程及自动化、测控技术与仪器、计算机科学与技术、建筑学、土木工程、环境工程、采矿工程、生物工程、城市规划、软件工程、工程管理、工商管理等 **新设专业**：人工智能	023-65102371
西南大学	**重点专业**：教育学、心理学、农学、音乐表演、食品科学与工程、生物科学、植物保护、蚕学、数学与应用数学、园艺、历史学、化学、农林经济管理、汉语言文学、物理学、动物医学、农业资源与环境、思想政治教育、英语等 **新设专业**：中兽医学	023-68250940
第三军医大学	**重点专业**：临床医学、医学检验、病理检验、预防医学、法医学、高原军事医学等	023-68752052
西南政法大学	**重点专业**：法学、侦查学、行政管理、新闻学等	023-67258088
重庆师范大学	**重点专业**：数学与应用数学、旅游管理、食品质量与安全、汉语言文学、学前教育、生物科学、广播电视编导、特殊教育、小学教育、生物技术、信息与计算科学等	023-65911111
重庆工商大学	**重点专业**：国际经济与贸易、经济学、市场营销、会计学、财务管理、人力资源管理等	023-62769696

speciality recommend

重庆医科大学	**重点专业：** 内科学（传染病）、儿科学、神经病学、临床检验诊断学、临床医学、生物医学工程、药学、基础医学、护理学等	023-65714674
重庆理工大学	**重点专业：** 车辆工程、材料成型及控制、计算机科学与技术、会计学、电子信息工程、自动化等	023-68822995
重庆交通大学	**重点专业：** 土木工程、交通运输、城市规划、水利工程、测绘科学与技术、材料科学与工程等	023-62652498
重庆邮电大学	**重点专业：** 通信工程、自动化、计算机科学与技术、软件工程、信息管理与信息系统、广播电视编导、电子信息工程、测控技术与仪器、微电子学、信息与计算科学、光电信息科学与工程、微电子科学与工程等	023-62468661
四川外国语大学	**重点专业：** 英语、法语、德语、汉语国际教育、俄语、新闻学、广告学、汉语言文学、西班牙语等	023-65385206
四川美术学院	**重点专业：** 动画、绘画、艺术设计、雕塑、工业设计、油画、中国画、美术教育等	023-65921111
重庆科技学院	**重点专业：** 石油工程、冶金工程、油气储运工程、无机非金属材料工程、自动化等	023-65022363

高校

SH⊙WTIME

精致女孩养成记

很多女孩子上大学后会发现，周围的女生都开始注重打扮了，对比之下，自己却像一个"糙汉子"，这该怎么办才好？

别担心，在重庆邮电大学的文峰女子学堂，你一定能够找到适合你的课程。课堂上不仅会教授化妆、茶艺、形体、插花等课程，还会教你从举止到气质全面提升自己，加强综合修养。

由于这门课的实用性过强，热度也一路飙高，你要想选到它，手速一定得快。⊕

燃烧掉脂肪就给你打钱

珍惜你身边的"肥宅"吧，没准他们考上重庆大学后，就成了潜力股。

重庆大学有个奇怪的减肥赛，叫作"燃烧吧，脂肪"。赛事要求参与者在一个月内，通过健康饮食、合理运动的方式减重。成功减重的参与者可以获得最低每15元/斤，最高45元/斤的奖金，第一名直接获得2000元的奖励。

消息一出就上了新闻，有网友觉得"学校办减肥活动是对胖子的歧视，也应该对增肥成功的瘦子给予奖励"，还有网友调侃说"毕竟是人肉，应该多给一点奖金，现在猪肉的价格每斤都不止这个价格了"……玩笑归玩笑，赛事主办方表示："比赛的主要目的是让同学们达到健康指标，有个好身体。"⊕

这不是普罗旺斯，是重庆师范大学

重庆师范大学大学城校区图书馆前的情人坡附近，有一片紫色花海，一走进去就好像置身于普罗旺斯一般，浪漫的气息即刻把你包围。

不过，它们并不是薰衣草，而是马鞭草。

如果你爱看美剧的话，对马鞭草应该不陌生。在美剧《吸血鬼日记》里，吸血鬼最怕的就是马鞭草。马鞭草是一种草科植物，它的花期比较长，长达4-5个月，还可供药用。

马鞭草盛开的时节，恰逢毕业季。于是这片紫色花海，每年都会和毕业生们一起被定格在照片里，增添了一丝离别的感伤。⊕

四川美术学院的"奇葩"校门，被戏称为"布雷尔城堡"

很多人说，走在四川美术学院的校园里，不像在逛大学，而像是在逛景点或是森林公园。而且校园里几乎都是前来打卡拍照的游客，有人猜测——这里的学生难道有隐身技能吗？

川美的校园里绿林成荫，是个天然氧吧，再加上涂鸦墙、美术馆等充满创意和艺术的地点作为点缀，让这里成了游客眼里的"童话世界"，美术生心里的"天堂"。

四川美术学院校门的造型也很独特：它是一座由砖头、青石板和碎瓦片堆积而成的"古堡城门"。城门看上去古朴又坚实，一大一小的两个城门洞，混搭有中西方古代城堡建筑元素，被游客和本校学生戏称为川美的"布雷尔城堡"。⊕

哈尔滨

最"高冷"

HA ER
BIN

身高与颜值的
二重奏

◎文/小杨 图/图虫创意

都说哈尔滨的城市风貌别具一格，她那异域风情的生活韵味，跟全国其他城市相比，可以算是自成一派。如果你有机会来到这里，便能体会到那种'东方莫斯科'和'东方小巴黎'的味道。
我总觉得哈尔滨是从远处漂来的一条船，载着满船的色彩和可爱的人们，停泊在这里，为这片黑土地增添了独特的魅力。

身高位居全国Top5

想以最快最直接的方式了解一个城市的性格，那就敞开肚子先吃为快吧！哈尔滨的饮食自带"高"与"大"的标签，分量大、吃法豪爽。

到达哈尔滨已是夜里十点，亲戚捧出三个直径约25厘米的大碗，装着满满的三份"硬菜"——酱排骨、油爆大虾和红肠小肚，来招待我们一家三口。长这么大还是第一次见到如此量大而丰盛的宵夜，也是第一次在深夜里吃如此高蛋白、高油脂的食物。

说到哈尔滨的饮食，不得不提俄式西餐。由于大量俄国人曾在哈尔滨居住生活，让哈尔滨成为除了俄罗斯之外，最适合品尝俄餐的地方。虽然是西餐，但俄式西餐并不像法式西餐那般精致，而是有着自己独有的豪放。罐焖羊肉非常入味，大块的羊肉煨得软烂；奶汁鲑鱼的奶油味道浓郁，鱼肉鲜嫩；红菜汤味道纯正，酸甜解腻……

我总怀疑，哈尔滨人的平均身高能位列全国各城市的Top5，是不是因为吃得太豪迈。

国家自然科学基金重点项目《中国汉族体质人类学研究》的调研结果显示，哈尔滨男性平均身高为1米72，位列第四，女性则是1米6，位列第二。研究对平均身高与城市纬度进行相关分析后，发现随着纬度升高，身高也逐渐趋于上升；另一方面，生活质量的提升也对身高产生了较显著的影响。

如此看来，作为中国纬度最高、吃得又如此之好的城市，哈尔滨的"高"可谓说服力十足了。

冰雪世界里的光影画卷

别以为哈尔滨只是人长得高,说起颜值,这个城市同样敢说"我最美"。

冰灯是哈尔滨冬日最具代表性的景观之一。夜间从飞机的舷窗看出去,会发现地面上散布着各种形状的、色彩斑斓的冰灯群,让我有种正在航拍的错觉。这种美完全不同于俯瞰其他城市时,看到的由高速公路路灯划分出的一块一块黑色方形区域。

来到全国闻名的冰雪大世界,更是进入了冰与雪的"天堂"。由冰打造的小型长城,搭配上实时变化的灯光,让威严的城墙带上了一点柔和;群龙巨型冰雕惟妙惟肖,腾云驾雾,仿佛翱翔于天际;冰雪版的大水法(圆明园中西洋楼景),复原了中西合璧建筑的特点,既有西方的优雅,又有东方的庄严。园内还有三座"高山",实际上就是三条难度不同的冰滑道,从山顶一滑而下,失重带来的快感让人上瘾。晚上到整点时,现场有盛大的冰雪表演,演员带领着游客齐跳兔子舞,将现场气氛瞬间推到一个新高度。

作为北方最具代表性的国际化都市,哈尔滨的建筑颜值也颇高。

中央大街北起松花江防洪纪念塔,南至经纬街,街道两旁的建筑物风格多样,文艺复兴、巴洛克、折中主义等元素在这儿都能看到。这些建筑体现了西方建筑艺术的精华,五步一典,十步一观,使中央大街成为一条建筑的艺术长廊,欧洲最具魅力的近300年建筑文化发展史,在中央大街得到了充分展现。银装素裹的寒冬夜晚,漫步在这条石板铺就的街道上,品尝着马迭尔冰棍,欣赏着两旁灯光点缀下的建筑,仿佛走在欧洲的某个小镇上,好不惬意。

圣·索菲亚大教堂也是哈尔滨的标志性建筑,这个远东地区最大的东正教教堂,在白天似端庄优雅的女王,经典的"洋葱头"圆顶,犹如一顶戴在女王头上的翡翠皇冠。夜里的圣·索菲亚大教堂就像是披上了一层神秘面纱的妙龄女子,它的暗金色光芒与雅紫色交相辉映,就算在黑暗的夜里也是让人内心感到温暖的一处港湾。

走在这样一个360度无死角展示着高颜值、散发着高魅力的城市里,仿佛冬日也不再寒冷。

哈尔滨工业大学
Harbin Institute of Technology

在年轻的飞奔里，
你是迎面而来的风

◎文/兮木呆　图/秦欢 图虫创意

"在哈工大读大学是怎样一种体验？
打车时，告诉司机师傅去'工大正
门'，师傅通常会多看你一眼。"

最严格考试纪律
了解一下

"双一流""C9联盟""建筑老八校"…… 哈工大的标签自带硬实力属性，搭配上校训"规格严格，功夫到家"，只觉得一股理性、严谨的气息扑面而来，让人不自觉正襟危坐，变得严肃起来。

瞧：哈工大连校园都是接近正方形的。校园大体可分为一区和二区两个学区，其实环境都不错，二区更佳，在二区学习生活过的同学们可都相当怀念那些时光。

比较特殊的是土木楼，那里只有"独居"的建筑学院，是一个围合式的保护建筑。土木楼有自己的宿舍、食堂、仓买（小卖部）、咖啡厅、体育馆和室外体育场，"五脏俱全"，看起来像是一个小高中。

哈工大周围很少有娱乐设施，不知是否出于让我们安心学习的考虑，若是，那这个目的已经达成了，这儿的学风足够好也足够正。

哈工大的考试纪律也是我见过最严格的。

你可能在网上见过形容大学期末考试复习的段子：别人复习是查漏补缺，是精卫填海，是女娲补天，而我呢？是开天辟地！所以期末那几周，图书馆人气总是呈指数级上升，自习室里多了备战到深夜的身影，连宿舍里也少了游戏的音效，多了默背的气声。

可是，如果你在哈工大，却到了期末才开始认真复习，那可就相当危险了，挂科、重修的概率相当高。

更不要动作弊这些"歪脑筋"！同学，在哈工大，这无异于玩火！曾听学长讲过一个故事：有同学期末考试作弊被发现后，希望能找人去说说情，可没想到，上午考试作弊的他，中午就被退了学籍，下午这个消息就已经贴到了公告板上。说情？不存在的。

觉得太夸张了？不，在哈工大，作弊绝对是不能触碰的红线。本科生作弊被发现开除后，想继续读大学，就只能重返高中复读了。

我有你肉眼
看不透的实力

哈工大的"身份证"上虽然写着理工类，但内核其实是如假包换的工科，作为一所典型的工科院校，哈工大的强势学科自然也就清晰了，材料、机电、电气等都比较突出，整体水平也都不错。从官方数据来看，入选"世界一流学科"建设的就有7个，在全国第四轮学科评估中等级为A-及以上的更是多达17个，但这并非全部。

哈工大还有一些学科同样优秀，不过由于对应的很多研究成果属于国家机密，因此并不会公开审查，只能"深藏功与名"，人们自然也就无法通过"书面实力"看到"内在实质"了。

既然是机密，保密工作自然也得非常重视，所以哈工大的学子们常常要学习保密法，对待国家机密必须保持最严肃的态度。

在哈工大，最有趣的课或许非文科莫属。没错，哈工大也是有文科课程的，比如哲学、积极心理学等，讲课的老师们都个性十足，授课风格独树一帜，思想也"千奇百怪"。在大物、工数、工图等工科课程的包围中，听听来自文科的声音，感觉头脑又清明了几分。

百年校庆，
祝你生日快乐 ///

2020年6月，哈工大迎来了属于自己的百年校庆。

百年来，哈工大人才辈出： "两弹一星"元勋、国家勋章获得者孙家栋院士，国家最高科学技术奖获得者、两次获得国家科技进步奖一等奖的刘永坦院士，中国第一任核潜艇总设计师、中国著名核动力专家彭士禄院士等等。

建校百年历史里，哈工大为祖国培养了30余万优秀人才，他们或隐姓埋名，或执着耕耘，一生孜孜探索，只为祖国更加繁荣昌盛，百载光阴流转，国之重托，从未辜负。

在母校百年华诞之际，哈工大学子们也别出心裁地用一系列充满仪式感的活动为母校庆祝生日。其中，最引人注目的当属那场千架无人机表演。

从来只知道无人机有航拍摄影、农业植保、电力巡检等用途，没想到哈工大还能将无人机用于自己的百年校庆。

校庆当晚，千架无人机在师生的控制下同时升空，点亮苍穹，上演酷炫表演，让夜幕"星光"璀璨！无人机在空中依次摆出"哈工大

100年""中国地图中的哈尔滨""我爱哈工大"等图案，无人机一会儿消失，一会儿出现，变幻莫测的队形让人眼花缭乱，连连感叹。哈工大顺利登上热搜，引起网友热议。因为想要控制好上千架无人机的飞行路线、飞行速度、飞行间距，并摆出各种各样的造型，呈现不一样的颜色，这可得费一番功夫，不是在地上堆积木这么简单。

百年校庆对于一个学校来说，具有极其重要的意义；对于学校的师生来说，更是不可磨灭的记忆。百年校庆，人生之庆。⚙

报考须知

📋 投档

● 根据各省（自治区、直辖市）招生计划和生源情况确定调档比例。按照顺序志愿投档的批次，调档比例在120%以内。按照平行志愿投档的批次，调档比例在105%以内。

● 按照教育部规定预留计划不超过招生计划总数的1%，预留计划使用坚持质量优先、公开透明的原则，用于平衡各省（自治区、直辖市）生源质量及解决同分考生的录取问题。

● 调档时，原则上认可教育部和各省（自治区、直辖市）教育主管部门根据教育部相关政策给予的加分。同一考生如符合多项加分条件，只取其中最高一项分值，增加的分值不得超过20分。

🎓 录取

● 学校按投档分确定最低录取分数线，并按投档分为考生安排专业，采用分数优先原则，专业之间无级差，平行志愿投档录取对专业服从调剂的考生不退档。

● 在投档分相同的情况下，优先录取相关科目分数高者，理工类考生依次比较数学、理综、语文、外语，文史类考生依次比较语文、文综、数学、外语，综合改革省份考生依次比较数学、语文、外语。在内蒙古自治区实行"招生计划1:1范围内按专业志愿排队录取"的录取规则。

● 在综合改革试点省（市），按照综合改革试点省（市）相关规定录取。

🔳 其他

● 根据学校有关规定，提前批次录取的考生投档成绩须在生源省（自治区、直辖市）该校一批次录取投档分数线以上，入学后方可申请转专业。

● 哈尔滨工业大学校本部通过"英才学院"模式，选拔优秀新生进入英才学院，实行动态进出、本硕（博）贯通的拔尖创新人才培养体系，致力培养基础扎实、实践能力强、具有国际竞争力的创新人才。

哈尔滨工程大学
Harbin
Engineering
University

付出十分的努力，
奔走在自己的热爱里

◎文/苏航　图/王占广 苏航

"在哈工程，敢想敢做的
人们用行动诠释了何为'我也想
低调，但是实力不允许'。"

你的机器人
敢下水吗？

　　来了哈工程，听到当地老人提起这所学校时都管它叫"船院"，一头雾水。原来，这是因为在中华人民共和国成立初期，哈工程在船舶建造方面表现非常突出。不过在"船院"这个称呼渐渐被遗忘的现在，哈工程的科研目光却从未错过水下世界。

　　在第21届国际水下机器人竞赛上，作为我国唯一出征的队伍，哈工程E唯协会的成员带着他们的水下机器人，第八次远赴重洋参赛。他们设计的机器人出色地完成了各项任务，大比分领先进入决赛，最终获得了冠军。要知道，曾多次获得冠军的麻省理工学院、康奈尔大学等世界名校，都是他们的强劲对手。

　　以前只在电视上见过机器人大赛的我，没想到有一天能距离热血赛事如此之近，在这个领域拥有一席之地的哈工程，正吸引着来自全国各地的"江湖豪杰"齐聚一堂。如果你也对水下机器人感兴趣，哈工程的中国首个水下机器人专业等你来哦！

　　哈工程学生的科研精神向来不容小觑。在这里，无论是本科生还是研究生，茶余饭后的话题大多围绕实验室进行。不过别以为实验室话题都是冰冷枯燥的数据，在我们这儿流传得最广的一幕，可是相当温暖动人的——有个女生忘记带扎头发的发带，可还得做实验。于是，身旁的男友取来实验器材中的橡皮绳，温柔地帮她绑上了头发，此时洒进来的阳光刚好为这温馨的情景加上了一层温暖的滤镜。这一幕还一度被评为实验室的最浪漫"影像"。

杏花雨里
品尝杏花饼

　　哈尔滨的四月春寒料峭，但哈工程的四月却被杏花走廊染得粉红。哈工程的杏花走廊可是网红打卡地，没有与四月的杏花合过影的人，不能算来过哈工程。

　　不同于一些男女比例夸张的理工类学校，哈工程的女生比例还是很不错的。每年的这个季节，粉红色的杏花林里落英缤纷，总有漂亮的小姐姐留下一抹倩影。

　　但只用相机定格还不够，把"春天"装

进肚子里才是个好办法。食堂大妈们似乎不忍心让这些杏花"化作春泥碾作尘"，于是会将这些花做成美味的鲜花饼。美景变美食，何其美哉！

当然了，在一个工科院校，若要评谁最美，无论是杏花梅花，还是杨柳枫叶，都得让步，最美的当然是女生们了。

在这里，绅士的男生们用行动诠释着"只要来对了学校，女生节每天都过"，无论是打热水、食堂打饭，还是图书馆占座，甚至是拧瓶盖，男生们都乐意帮忙。这让小姐姐们如沐春风，暗自感叹真是来对了学校。

"没有路边摊的大学，生活是不完整的"，哈工程就有各种"附属小吃"。最出名的商委红肠就在哈工程住宅区附近。由于代购越来越多，如果自己去买，希望排队时间不超过1小时，并且买到整根红肠的话，七八点去就晚了。据说有人是四点就起床，四点半到达，在开门半小时后买到了整根红肠的。

在哈工程，地道的东北菜自然也不容错过。食材并不特殊，但那巨大的分量，南方人第一次见基本都会惊掉下巴。初来乍到的南方人多半还会收到自来熟的东北人的搭讪："丫头哪里来的呀？""天冷了，可别露脚脖子了。"热情好客的饭店老板，总会给每个来自远方的孩子带来"第二个家"的感觉，即便是冬日也倍感温暖。

历史建筑就在校园里　　///

在报考之初，我还常把哈工程与其他高校混淆，但当我踏入校园时，仅仅短暂的一瞥，我就知道我永远都不会再把它与其他学校弄混了。

哈工程的建筑是我见过的最特别的建筑，它们不是高耸入云、欲与天公试比高的现代感十足的模样，而是飞檐斗拱、气势恢宏的传统风格。尤其是杏花长廊，建得古色古香，身在其中仿佛置身于颐和园的长廊之中。这媲美皇家宫殿的场所，反倒让同学们的学习热情更加高涨，清晨时分，总能听到长廊尽头传来的琅琅读书声。

历史最悠久的是航建学院的11号教学楼，传统歇山式建筑的屋顶上原本应有的脊兽，到了11号楼这儿竟然变成了飞机、大炮、军舰和坦克。这可不是乱来，毕竟航建学院曾为我国的国防事业提供了不小的助力。

我们的校园完全是开放的，所以走在学校里，常常能看到附近居民们在这儿晨跑或是遛弯，打拳或是练剑，生活气息十足，还真有种生活在公园中的错觉。

我们也常举办各种各样的活动，运动会、书画展、模型展等等。重头戏则在冬天——国际雪雕展，此时的哈工程被称作"3A级风景区"。生活在"景区"中的我们，欣然在匆匆赶路时默默接受游人们艳羡的目光。

报考须知

投档

• 学校录取时按各省（区、市）招生计划的100%-105%调档，对于填报的专业志愿不能满足，且不服从专业调剂的投档考生，学校将作退档处理。

• 学校预留1%的招生计划，用于调节各地生源的调档比例事宜。预留计划坚持质量优先、公开透明的原则投放使用。

录取

• 学校根据考生投档成绩按分数优先、遵循志愿的原则分配专业，若考生投档成绩相同，按照高考总分、数学、外语、语文、综合的顺序，优先分配成绩高考生的专业。

• 学校对江苏省本科一批次考生选测科目等级最低要求为A和B，必测科目等级要求为4C1合格。考生投档成绩相同时，先按选测科目等级再按照数学、外语、语文的顺序分配专业。

• 学校在内蒙古实行"招生计划1:1范围内按专业志愿排队录取"的录取规则。

Ⓐ 外语语种要求

• 学校英语专业只招收英语考生，要求考生高考英语成绩不低于120分，不加试口语。

• 学校土木工程（中外联合办学）、机械设计制造及其自动化（中外联合办学）、材料物理（中外联合办学）专业要求考生高考英语成绩不低于100分；船舶与海洋工程（联合学院）、轮机工程（联合学院）、自动化（联合学院）、水声工程（联合学院）专业要求考生高考英语成绩不低于105分（江苏考生不低于84分）。以上专业主要以英语授课，其他语种考生慎报。以上专业只招收有志愿考生。以上专业均不加试口语。

哈尔滨师范大学
Harbin Normal University

冰雪霜尘中的
时光印记

◎图/楠林有川　文/楠林有川

"高考结束，我并没有像普通学生一样开心，只觉得迷茫，心中虽有路却不知该往哪走。那时我固执地认为去哪一所学校都可以，天南地北对我皆不重要。但在这里，我找到了未来的方向。"

读书时，记得有的同学每日都要与家里通电话，软软甜甜地向父母撒娇，诉说一天所做的事情。而我从不这样，一个月几乎只给家里捎一通电话。某天晚上，高中同学给我打来电话，嘟囔每周都得回家听唠叨，还说我聪明，一走就走到最北，彻底成了脱缰的野马，不像他如放养山羊，到点就得回家。

这对我最大的启发是：大学或许同《围城》里那句话有着惊人的相似，省外就读的想回去，省内就读的却想出来。许多年前，钱钟书就把话跟莘莘学子说明白了，可许多年后，我们才懂得这个道理。

呼兰夜雪，
友谊长情

///

那年漫长的暑假完结，我不得不告别家乡，踏上遥远的北国求学路。初次离家远行，妈妈坚持送我，到学校刚安置好，就忙把从家乡带来的辣椒和小伙伴们分享。之后买了两只大大的玻璃罐头，将罐头里的东西倒出，把辣椒装入，稳稳妥妥交给我，再三强调一定要多分给同学尝尝，这可比超市的老干妈好吃多了。

临行前，妈妈又塞给我六百块钱，叮嘱我注意身体、与人和气。她拍拍我的肩，说："你长大了。"言罢似乎还想说什么，却没有说出口，又看了我一会儿，才招了一辆出租车离开。车子启动前一秒，她仿佛想起了什么，从窗户探出来，轻声唤我的小名。我一愣，来不及答应，车子就已开出去了。九月的街头，并不是很冷，视线中的小车渐行渐远直至消失不见，我的心空空的，还有点酸涩。

那年11月初，漫天飞雪毫无征兆地降临，寝室里的老幺是重庆人，没见过雪，兴奋地在操场打了两个小时雪仗，回来后手套都湿透了，鼻子冻得通红。尽管如此，仍是满脸笑意，那神情与原始森林晨雾中的小鹿颇为相似。

当晚老幺给家里打电话，犹如活泼的小雀，就着浓浓的乡音开心不已："妈，哈尔滨下雪咯，好大的雪哦！"我躺在床上翻杂志，抬眼望了望窗外鹅毛般扑簌的雪花，也跟着感叹："确实是场大雪。"

老大在上铺打趣问我："文艺青年不准备写诗纪念第一场雪吗？"她是我们六个人中年纪最大的，还是寝室长，平时对大家很照顾，我们都管她叫"姐姐"。姐姐是河北人，留着一头干净利落的短发，特别热衷在学校附近做小兼职赚外快。

大一元旦跨年，我们几个离家远的全走不了，只能留校眼巴巴地吃外卖。姐姐从兼职的地方借来电磁炉和锅碗，我们悄悄涮起了火锅。老幺不远千里背来的正宗重庆火锅底料，混煮上麻辣烫店买来的蔬菜和丸子……飘香四溢的火锅就出炉了，我们迅速将其席卷一空。

吃饱喝足，老幺提议今晚出去租个包间看跨年晚会，待在寝室只能看电影太可惜了。开始只有零星的人同意，我坐在床上，突然想起了各大电视台宣传的明星，心头一热，振臂高呼："走走走，今晚出去看直播去！"

我平时很宅，不怎么出门，一看连我都忍不住了，小伙伴们纷纷响应号召。坚持在寝室跨年的老三到底还是被我们拖去了宾馆，和大家一起狂欢庆祝。

青春虽好，
终将告别

///

  大学四载冬季，真是刻刻赏雪。

  鹅毛大雪是突如其来的礼物，只消一晚就铺天盖地，像沙漏中的流沙下坠似的飞快堆积起来。清早起来，水晶冰凌挂在屋檐下，推窗的瞬间室内犹如闯进一条白雾之龙，触及满眼纯白，大地无垠素裹银装，远处的树林也是白茫成海。古人所谓"千堆雪"，说的便是这样吧。

  两旁的行道树下总能碰见半人高的雪像，有的堆成蛋糕，有的砌成龙猫，还有的做成手拉手的情侣雪人。每次从排排站的情侣雪人旁走过，小伙伴总无奈摇头："走夜路都能闪瞎单身人士……"而我通常会在一旁打趣："每年冬天追女孩都用这招，也是少了些新意呢。别管抬头不见低头见的雪人了，我们去买烤肠和糖葫芦吧！"

  如果你来过哈尔滨，就会发现当地人十分喜欢肠类食品，进了超市你能发现品类繁多的肉制品：烤肠、玉米肠、鱼肠、脆骨肠……除去这些，因为入冬后气温寒冷异常，室外相当于天然冰室，东北许多特色吃食都因此而生，如冻柿子、糖雪球，还有冰冻糖葫芦，各式水果被串签裹蜜，葡萄、香蕉、山楂，五颜六色凑在一起好不热闹，在寒冬的深夜咬上一口，沁心干爽又酸甜绵糯。

  看书疲乏时吃一些，不消多时，精气神立马就恢复好了。或许，这也是冰糖葫芦深受同学们喜爱的原因之一吧。

  有人说，大学四年是一个人一生中最美好的年华，无忧无虑自由自在，徘徊在学生与成人的边缘，顶着知识分子的头衔，享受着全社会最大的包容度，任性被理解为个性十足，张扬被理解成年少不羁。或许除了大学，世上真的再没有哪一个地方，能同时给予人最好的年纪和最好的条件，让你无所畏惧做想做的事情。

  只可惜，青春虽好，终将告别。

  去年毕业日，我听到楼下有人豪放高歌，还有人临别告白。四年并非遥遥无期，转眼就各奔东西。不知拖到最后才说出口的"我喜欢你"，是否已经太迟。南方北方，拉长了许多的梦想，却也阻断了不少的恋情。

  有位我很钦佩的学姐在临别赠言上写下一句话：要有最朴素的生活，最遥远的梦想，即使明日天寒地冻，路远马亡。祝毕业快乐，驰骋远方。

  他日，我也将带着我的青春记忆，和哈尔滨的冰天雪地，与校园，与寝室的姐妹作别，去远方寻找我心灵深处的生活与梦想。✿

录取

• 按照"分数优先"的原则进行录取，即进档考生按高分到低分排序，遵循考生填报的专业志愿顺序依次录取。如无法满足所填报的专业志愿时，服从专业调剂考生，调剂录取到其他专业，考生分数未达到所报专业最低录取线，且不服从专业调剂考生作退档处理。分数相同考生，按考生所在省（自治区、直辖市）分数相同考生排名办法或排位次办法，排名在前者或位次在前者优先录取。

• 高考综合改革试点省份的选考（测）科目要求，以当地省级招生管理部门公布的该校选考要求信息为准。

专业要求

• 所有专业录取时没有男女比例限制。

• 英语、商务英语、翻译、法语、西班牙语、葡萄牙语和汉语国际教育专业限招外语语种为英语，其他专业不限。

身体要求

• 对考生身体健康状况的要求按照《普通高等学校招生体检工作指导意见》的有关规定执行。

• 新生入学后，学校按照国家有关高校招生规定对其进行体检复查，对于复查不符合体检要求者，按国家有关规定处理。

哈尔滨高校专业推荐

高校	重点专业 & 新设专业	招办电话
哈尔滨工业大学	**重点专业：** 力学、机械工程、材料科学与工程、控制科学与工程、计算机科学与技术、土木工程、环境科学与工程、管理科学与工程等 **新设专业：** 网络空间安全、计算金融、智能车辆工程、人工智能、机器人工程、新能源科学与工程、海洋技术	0451-86414671 0451-86414771
哈尔滨工程大学	**重点专业：** 船舶与海洋工程、土木工程、工程力学、飞行器设计与工程、能源与动力工程、轮机工程、测控技术与仪器、数学与应用数学、核工程与核技术、核化工与核燃料工程等 **新设专业：** 海洋机器人、机器人工程	0451-82519740
东北林业大学	**重点专业：** 林学、林业工程、森林保护、野生动物与自然保护区管理、木材科学与工程、林产化工、园林、森林工程、农林经济管理、生物技术等 **新设专业：** 汉语国际教育	0451-82190346
黑龙江大学	**重点专业：** 哲学、经济学、法学、汉语言文学、英语、俄语、日语、新闻学、化学、计算机科学与技术等 **新设专业：** 光电信息科学与工程、工艺美术	0451-86608661
哈尔滨医科大学	**重点专业：** 临床医学、预防医学、药学、麻醉学、医学影像学、基础医学、口腔医学、护理学、生物技术等 **新设专业：** 健康服务与管理	0451-86681434 0451-86664885

speciality recommend

HARBIN

东北农业大学	**重点专业**：动物医学、农业机械化及其自动化、农学、生物技术、农业水利工程、园艺、动物科学、计算机科学与技术、食品科学与工程、农林经济管理等	0451-55190419
哈尔滨理工大学	**重点专业**：电气工程及其自动化、信息管理与信息系统、高分子材料与工程、机械设计制造及自动化、信息与计算科学、金属材料工程、测控技术与仪器、计算机科学与技术等 **新设专业**：机器人工程、数据科学与大数据技术	0451-86390111
哈尔滨师范大学	**重点专业**：美术学、教育学、地理科学、汉语言文学、英语、思想政治教育、数学与应用数学、生物科学、心理学等 **新设专业**：新能源材料与器件、数据科学与大数据技术	0451-88067377
黑龙江中医药大学	**重点专业**：中医学、中药学、药物制剂、针灸推拿学等 **新设专业**：助产学	0451-82193406 0451-82110815
哈尔滨商业大学	**重点专业**：机械设计制造及其自动化、会计学、商品学、制药工程、食品科学与工程、经济学、数据科学与大数据技术、绘画等	0451-84865257
黑龙江科技大学	**重点专业**：采矿工程、矿物加工工程、电气工程及其自动化、机械设计制造及其自动化等	0451-88036075
黑龙江工程学院	**重点专业**：测绘工程、土木工程、交通运输、车辆工程、工程管理、机械设计制造及其自动化、会计学等 **新设专业**：数据科学与大数据技术、机器人工程、智能科学与技术	0451-88028842 0451-88028630 0451-88028000

高校
SH⊙WTIME

大学参观指南

哈尔滨工程大学：景区级校园，就两个字：好看！所以好好看就得了。

哈尔滨工业大学：俄式风格的主楼，曾为俄驻哈尔滨总领事馆的博物馆，还有哈尔滨市级保护建筑哈工大土木楼……

东北林业大学：校园很大，记得穿双好走路的鞋。

东北农业大学：校园更大，一定记得穿双走路舒适的鞋。

黑龙江工程学院：校园小，逛得快，耗时短。◐

和《最强大脑》的选手做同学

当"最强大脑"遇上1.96米的身高、运动员的身材和偶像派的脸，谁能更胜一筹？

张艺帅用行动告诉我们，以上所有元素，都能合而为一。

入场被分在"颜值爆表桌"，初试排名33的他，用实力逆袭到了第一。在节目还没播完时，他就已经三次登上热搜。

智商与颜值齐飞的张艺帅是个地道的哈尔滨人，本科毕业于哈尔滨工业大学。最"高"的哈尔滨，除了身高和颜值，才华也是不甘示弱的。◐

堆雪人算什么，雪雕才是真绝色

在室外零下20℃的天气里，穿着厚厚的羽绒服也能分分钟被冻到瑟瑟发抖。然而从2009年开始，每年都有几十支队伍在这样的低温天气里，参加国际大学生雪雕大赛，用不到30分钟的时间完成雕刻，不得不说是真·极限挑战了。

如今，国际大学生雪雕大赛已经是哈尔滨工程大学的校园文化新坐标了，大赛还获得了"大学生雪雕群雕世界纪录"，目前已经有178所境内外的高校参与进来。

冬天就该堆雪人？No，在这儿，雪雕才是最佳代言人。◐

这样的作业给我来一打

"很养眼，很享受，忍不住为你'打CALL'。"

"作业略显狂躁，很明显与本人的气质不符。"

"很好，你努力认真的样子很迷人，希望每一次都能带来令人愉悦的节奏。"

东北农业大学电气与信息学院的董桂菊老师的金句点评上了热搜，日常被"表白"的学生可算有了"扬眉吐气"的机会："这回终于不是别人家的老师了！"

说实话，这样的作业，来一打我都能笑着做完。◐

大连

最 浪 漫

DA
LIAN

达里尼的浪漫

◎文/芒果 图/PEXELS

> 很多人不知道，大连还有个'洋名字'叫作达里尼，意思是远方的城市。
>
> 在东北这个传统意义上气质比较粗犷的地区，大连算是个特别的存在了。它有狭长的海岸线，有美丽的海景，有各式各样的异域风情街和欧式古建筑，街上的老式有轨电车仍在缓缓行驶，加之诸多小众文艺景点，共同造就了这么一个北方的'浪漫之都'。

　　谈及东北，总会给人一些刻板印象，比如东北话自带洗脑效果、天气格外冷、重工业发达、东北人性格直……然而这些标签，在大连人身上体现得并不明显。或许是靠近山东的缘故，大连人的口音带着一股隔壁家的味儿，这里的气候也不具备显著的东北特征，穿貂更是不必，也没有重工业发展后给环境留下的"后遗症"——雾霾。相反，大连还获得了联合国"世界人居奖"的官方认证。

　　虽然生活习惯和多数东北人并不一样，但大连和东北仍是紧密联系的一体。

　　这些年来，大连一直是东北的实力担当，在东北经济饱受阵痛的今天，也努力转型求发展，保持着"北方明珠"的骄傲。

　　要知道，大连在逆境中还能凭一己之力去发展，这是很多城市都没办法做到的事。

　　这是因为大连的区位优势不可复制。这里和山东半岛隔海相望，也与日本、韩国和朝鲜相邻，有发展国际贸易的天然优势。作为中国东北对外开放的窗口，大连的野心不止于此，它要成为东北亚国际航运中心、国际物流中心和区域性金融中心。

　　大连的资源优势也不是谁都能轻易撼动的。这里是东北亚著名的滨海旅游度假胜地，旅游业长盛不衰。背靠东三省，市场更是广阔，而且大连还获得了不少企业的青睐，且不说从大连走出的万达集团，很多日韩企业都在大连设有分公司，商业地产的概念也最先从大连开始发展。

大连的底气，还在于人才资源。大连理工大学和大连海事大学入选"双一流"，东北财经大学、辽宁师范大学、大连外国语大学等高校也在各自领域拥有姓名，为大连注入源源不断的人才力量。

曾看到过这样一句话："既是那一抹饭粘子，也是一朵白玫瑰"，这句话用来形容大连真是再恰当不过了。饭粘子是接地气，是不做作，是追求朴实无华的平淡生活；而白玫瑰就是这个城市不能被时光抹去的魅力，清丽洁白，不像红玫瑰那样常见。

去北上广深杀出一条路，还是留在大连谋生活，不同需求的人选择自不相同。

大连能给你的，是夹在钢筋水泥里的那份温柔。

大连理工大学
Dalian University of Technology

这里盛产
理工类"文青"

◎文/吴宇翔　图/吴宇翔

"没想到，这个理工学校的外表下藏着一颗文艺心。"

舞蹈对决后，再去情人路上走走

来大工前，我没想到一所理工科大学会如此文艺。

大工的校花玉兰花很漂亮，能和武大的樱花斗艳一番。

每年四月份，当东北的春天姗姗来迟的时候，校园里的玉兰花就大片盛开了，尤其是机械楼旁的那几棵玉兰花树，盛开得尤为漂亮。

这些洁白无瑕的玉兰花，每年都会吸引大量的师生和游客驻足欣赏。为了定格这一刻的美，学校每年都会举办玉兰花摄影大赛，大赛期间走在校园里，会看到不少背着单反的学生将镜头对准花花草草，咔嚓一声，一张即将刷爆朋友圈的美图就诞生了。

文艺范儿十足的大工人，不仅是摄影爱好者，唱跳也不在话下。

学校里热度最高的文艺盛典，叫作"峰岚杯"，活动期间你能欣赏到曲艺表演和声乐合奏，这期间的校园几乎每天都有背景音乐。但这些都只是前戏，每年最受我们期待的，是"峰岚大舞"比赛，大家现场互相斗舞，肆意舞动，释放天性。

在大工，舞蹈可不是艺术生的专属，几乎每年"峰岚大舞"的冠军，都是纯正的理工科学生。平日里总和计算机、机械零件和化学元素打交道的他们，脱下格子衫，换上演出服，就在学校山上礼堂的大舞台上翩翩起舞。舞动起来的那一刻，他们整个人都在发光。

除了一系列的文艺比赛，大工还会不定期举办交响音乐会、话剧巡演、国际文化节等活动，我们的原创话剧《屈伯川》已经演过近百场。可以说，文艺的气息时刻把我们包围。

被文艺气息浸润久了，整个校园也变得浪漫起来。

从主校门步入校园，首先映入你眼帘的是两排高大的水杉林，水杉树下的那条路有个浪漫的名字，叫作"情人路"。传说一起走过这条路的情

侣就不会分手，外校的学生来我们学校，总会带着男朋友或女朋友来走走这条路。就连我们的校名里，都包含着"连理"二字，大工也乐意见证学生们喜结连理。

虽然我暂时还没体验过爱情，但不少学长学姐都是在大工相识、相知、相恋，最后步入婚姻殿堂的。在2016年学校嘉年华期间，就有24对在大工相识的情侣重回母校，赴了一场"连理"之约。

那时候，学校还特意为他们在校园里举办了一场甜蜜的集体婚礼，见证爱情的美好。

滑雪课上体验速度与激情

我热爱运动，从小到大，体育课一直在

我最喜欢的课程里榜上有名。到了大学，我对运动的热情也不减丝毫。

当我得知学校开放了滑雪体验课的选课时很兴奋，我是南方人，很少看到雪，于是在报名开始前早早就蹲在电脑前等着了，好在我手速快，如果慢一秒，名额可就没了。

上这门课之前，我需要先在网络上学习有关滑雪的基础知识，之后就可以去滑雪场上实践课啦。滑雪场离学校不远，坐车15分钟就到了，而且上课的滑雪场，据说是东北地区乃至全国硬件设备最好的滑雪场之一。到滑雪场租好雪具后，就可以把自己"全副武装"起来了。上雪道前，老师会最后强调一遍注意事项和滑雪的技术要领，之后我们就可以放飞自我，体验滑雪的魅力了。

我第一次接触滑雪就有种相见恨晚的感觉。当我从雪道上滑下时，感觉速度越来越快，耳边的风声越来越响，那一刻似乎体验到了速度与激情带来的快乐。

除了滑雪课，潜水课也要实名推荐给大家。

在有海的城市，面对这样的资源优势，不去体验一把潜水着实有些可惜。不管你会不会游泳，你都可以去上潜水课。

学会了潜水，你就可以与大海来一次亲密接触了。如果你觉得这些还不够，学校里还有街舞、拉丁舞、高尔夫和马术体验课，总有一款可以满足你。

图书馆里也能
仰望星空

///

图书馆是大学标配，往往也是一所大学的地标建筑。一个好的图书馆不仅藏书包罗万象，外观也是恢宏庄重，融合建筑与艺术之美。这样的图书馆，大工不仅有，而且有两个。

令希图书馆采用的是玻璃幕墙设计，因为图书馆本身的地势就比较高，在图书馆里你能看到学校西部的小广场和凌水河上的彩虹桥。馆里还有由两片玻璃幕墙建造的楼顶，白天能望见蓝天，晚上抬头就能看到星星，会有一种"仰望星空，脚踏实地"的感觉。

馆里所有的椅子都是软座的，而且每层都有沙发和小茶几，不管是坐在沙发上学习，还是学累了在沙发上休息一会儿，都很舒服。休息时，你还能在图书馆里点上一杯咖啡，"小资"一把。

虽然装修豪华，但令希图书馆可不是花架子。图书馆有个配套的App应用软件，我们在手机上就能预约租书和续借，十分方便。唯一的缺点，就是这个图书馆在西部校区，离主教学区有点远。好在有校内公交车，从主校区坐车去图书馆倒也方便，所以距离不是问题。

学校的另一个图书馆是伯川图书馆，目前还在改造升级中。

除了豪气冲天的图书馆和校内公交，我们还有快到飞起的网速，据说是亚洲高校中首个运用双频接入900兆的校园无线网络，这可是当前商用无线网络的最高速率标准。

在大工，不仅软硬件设施齐全，学校的学习氛围也真的很好。这里不浮躁，是适合做学问的地方。"学在大工"从来不是一句口号，而是一种态度和行动。🌱

报考须知

录取

• 学校专业（类）录取时按考生的投档成绩进行专业录取，实行"分数优先，遵循志愿"（即"分数清"）的录取原则，即在德、体条件合格的前提下，优先满足高分学生的专业志愿；专业志愿之间不设分数级差。

• 投档成绩相同的情况下，理工类优先录取"数学"成绩高者，再相同，依次为"外语""语文"成绩高者优先；文史类优先录取"语文"成绩高者，再相同，依次为"外语""数学"成绩高者优先。

• 江苏省进档考生按"先分数后等级"的规则排序，考生高考"语文""数学""外语"成绩均相同时，理工类优先比较物理科目等级，文史类优先比较历史科目等级。

专业要求

• 主校区的英语（含英语、翻译）、日语、俄语专业和盘锦校区的商务英语专业只招收英语语种考生，报考上述专业的考生，如所在省（自治区、直辖市）招生考试机构组织外语口试，考生须参加且成绩合格。

• 金属材料工程（日语强化）、机械设计制造及其自动化（日语强化）、车辆工程（英语强化）、软件工程（含软件工程、网络工程）、电子科学与技术（含电子科学与技术、集成电路设计与集成系统）、中外合作办学相关专业和盘锦校区其他各专业因教学特点和要求，非英语语种考生应慎重报考，其中大连理工大学莱斯特国际学院和大连理工大学美国加州大学欧文分校联合项目大部分课程使用全英文教学和考核，英语水平低的考生应慎重报考。

• 建筑类专业的学习需要具备一定的美术基础，如无美术基础考生应慎重报考。

大连海事大学
Dalian
Maritime
University

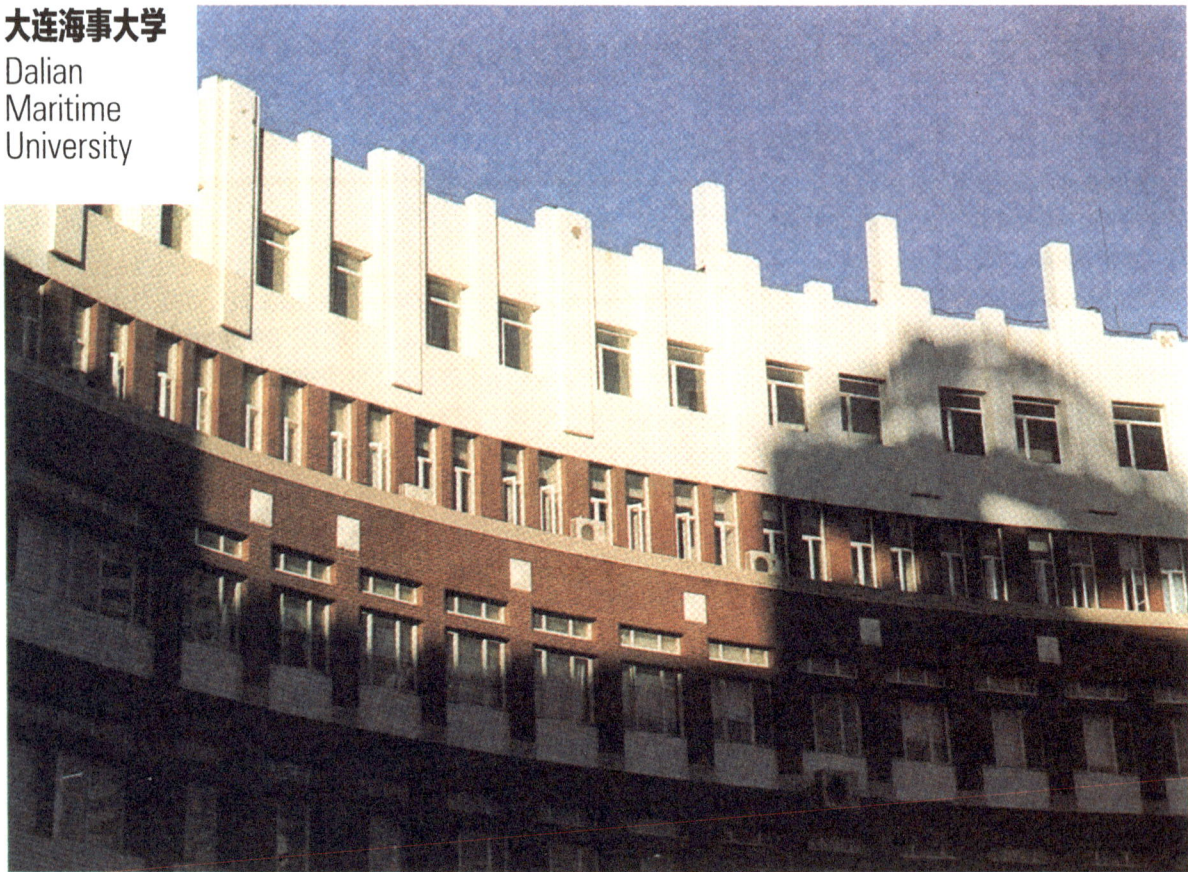

我们的征途是
星辰大海

◎文/丸酱kiki 受访人/柯柯 图/w-hereislzx

"这个学校刚来的时候有点儿想逃，待久了却又想留，离开后还念念不忘。"

学生好才是
真的好

///

我们的老校长王祖温先生说过的一句话令我印象深刻："海大不是全国最好的高校，但要做全国对学生最好的大学。"我以为这只是句场面话，没想到是个温暖的承诺。

海大对学生的关爱，都体现在细节上。

前阵子高中同学来找我玩，对教室门口贴着的"空课表"感到新奇。原来，这是学校为了方便学生找到每节课上课的教室，也方便想上自习的同学找到空闲教室而推出的举措。

因为老记不住教室而闹出不少乌龙的同学听完这番解释，大呼贴心。当时我心想：这不是很普通的一件事吗，哪用得着这么惊讶？那个同学说："你们学校就是对你们太好了，所以你们习惯成自然了呗！"

的确，海大人习惯了很多东西。习惯了老师没架子，比起师生关系，他们更像我们慈爱的长辈，是最亲近的人。不管是辅导员、专业课老师，还是图书馆、网络中心和行政楼的老师，当我们遇到问题时，他们总会尽心尽力帮我们想办法，绝不会事不关己高高挂起。

为了能及时解决我们遇到的问题，学校特意设置了一个"回音壁"供我们"吐槽"。诸如"打饭阿姨太小气，盛米饭的大爷值得表扬""英华1号公寓4楼走廊灯坏了很恐怖""西山体育场国旗未升到顶"这些"吐槽"，虽然都只是小事，但学校相关老师都会耐心地回复并逐一解决。

学校的温度不仅体现在生活里，还体现在课堂上。

海大因为半军事化管理的缘故，看似很严肃，但在有些课上，却有着"反差萌"。比如我们学校有一门"网红课"叫宠物欣赏与饲养，你可以一边上课，一边光明正大地"吸猫"。除了"喵星人"、"汪星

人"这些课堂上的常客，有同学甚至会带蜥蜴和蜘蛛过来。最关键的是，学校还给上这门课的学生买了意外保险，安全措施做得非常到位。

另外，像花艺与茶道、英语原版电影、诺贝尔奖趣谈、黑洞与时间弯曲这些课程的热度也都很高，深受同学们的追捧。

人人都可以是
制服控

///

很少有学校比海大更热衷于军训，这可能和学校的海上专业实行半军事化管理有关，军事化的氛围甚至影响了整个学校。

海大有两次军训，第一次军训的时间和大多数学校差不多，特殊之处在于我们军训时还会有一次拉练，时间通常是在中秋节前后；来年还有一次为校运会准备的复训，每次军训的时间长达一个月。虽然军训战线拉得长，但学校也考虑到学生的身体状况，不会超负荷训练。而且经过两次军训的人，整个人看起来会更有精气神，间接也为颜值加了不少分。

军训时，海大学生的朋友圈有个传

统——晒制服。

在海大，你会经受各种"制服诱惑"。大学期间，学校发给我们的制服有7套，夏天是海魂衫，春秋季有蓝白制服，冬季有黑色的呢大衣，另外像领带、肩章、帽徽和贝雷帽等配饰也都齐全。当你穿上制服，走在路上感觉都带风。甚至和家长、朋友视频的时候，也会特意把制服穿上，仿佛隔着屏幕都在发散魅力。

海大最大的特色，是分陆、海两类专业。海上专业的学生上课时必须穿制服，而且穿哪套也都有特定安排。他们平时还得早起出早操查内务，去教室的路上也得列队唱歌，气势很足，超帅气！

我们陆上专业的学生，只有在有重大活动时才被要求穿制服，平时和普通大学的学生没什么区别。不过我们的内务能力，在海上专业同学的带动下，也得到了质的提升。

穿着制服的少男少女们，成了校园里的一道风景线，为海大的四季增色不少。

乘着自己的校船 ///
去征服大海

小时候看《海贼王》，最喜欢的一句话是"我是要成为海贼王的男人"。路飞志在征服大海，并找回自己的"One Piece"，我也向往这种人生，于是报考了海大。我总觉得进入海大后，就可以像路飞、索隆和娜美一样踏上寻梦之旅。

海大虽然没有二次元的动漫人物，但这里是实实在在的"航海家摇篮"。

学校里航海的氛围很浓，就连BBS（网络论坛）的名字都叫海之魂，而且我们还有自己的校船。

作为交通部直属高校，我们经费足够，校船的更新换代也很快，我见过的最新一艘是"育鹏"轮远洋实习船。船上的各种设施很齐全，像健身房、图书馆、教室这些也都有，就连宿舍也和学校里一样是四人间，和陆上生活并没有太大区别。

想想坐在校船上的感觉，就觉得霸气不已。几乎每个海上专业的同学都会登上这艘船去实习，陆上专业和航海相关专业的同学，也有机会登上这艘巨轮来一次征服大海的旅程。

海大的男同学们，不仅能征服大海，也能"征服"女同学。

许多男生多的学校都很重视女生节，但庆祝时间也只有那么一天，而海大的女生节，可以持续整整一周。

女生节开幕式当天，游园会上有写心愿卡、投壶、歌曲接龙、荧光夜跑等活动。在传统文化区，有编织中国结、汉服展示、观星赏月等活动，同时还会评选出海大的最美系列人物。曾经还有一个活动，是给身穿粉色衣服的女生发放幸运券。整个活动办起来，很是盛大。

这样看来，我们海大的男生还是很浪漫的。

你看，海大从不缺少魅力，更多的惊喜，就等你来亲自挖掘啦！🐟

报考须知

📜 录取

● 学校按照考生的投档成绩进行专业录取，实行分数优先的录取原则，即在思想政治品德考核和体检均合格的前提下，优先满足高分考生的专业志愿，专业志愿之间不设分数级差。

● 对于同分考生，理科按照数学、语文、外语顺序排序，文科按照语文、数学、外语顺序排序。

● 在实行高考综合改革试点的省（市），按其相关文件规定的同分处理方法执行。在专业录取环节中，遇到同分同位现象时，参考综合素质评价信息进行专业录取；在专业调剂环节，将把考生综合素质评价信息作为确定专业的重要参考。

● 根据国家有关规定，航海技术、轮机工程（海上专业）、船舶电子电气工程三个专业安排在提前批次录取。

Ⓐ 外语语种要求

● 英语、日语专业外语语种要求为英语。航海技术、轮机工程（海上专业）、船舶电子电气工程、海事管理、软件工程专业本科教学外语课程主要开设英语课；中外合作办学专业相关课程英语授课，要求考生具有良好的英语基础，录取后首年强化英语学习，升入大二时要求英文水平必须能够适应全英文授课环境，非英语语种考生请谨慎填报。

身体要求

● 航海技术专业要求辨色力正常（无色盲无色弱），无复视，身高1.65米及以上，双眼裸视力均能达4.7（0.5）及以上，且矫正视力均能达4.9（0.8）及以上。
轮机工程（海上专业）、船舶电子电气工程专业要求无色盲，无复视，身高1.60米及以上，双眼裸视力均能达4.6（0.4）及以上，且矫正视力均能达4.8（0.6）及以上。

● 其他要求按照《船员健康检查要求》执行。

● 航海技术、轮机工程（海上专业）、船舶电子电气工程、救助与打捞工程专业，由于工作性质特殊，不适宜女生报考，其他专业无男女比例限制。

东北财经大学
Dongbei University of Finance and Economics

愿你与所有美好
不期而遇

◎文/吴永佳　图/吴永佳 东财校方官方图

"理性与感性并存，谁会不喜欢这样令人着迷的学校呢？"

转发这颗大"冬菜"，
你将有机会
获得"pass卡"

///

东财很理性，理性到"斤斤计较"，理性到"毫厘不让"。因为东财是一个常与数字打交道的学校，当然要"吝啬"一点！

在东财，大多数学生都是学经济类专业的，所以可以学到很多"欧气十足"的知识。别的不说，东财与经济相关的专业是真的值得各种花式夸赞的，就连坐出租车时说去东财，司机师傅都会用带着一大股海蛎子味儿的大连话夸你："哟，同学，厉害啊，东财可是个好学校啊。"

校园里，你随时随地都可以看到有人在自习、看书，可以说学习氛围很浓厚。学校里的"东财出版社"不仅是全国百佳图书出版单位，还是国家一级出版社。《日本内部控制评价与审计准则》《美元危机》《大萧条》《西部大开发与全面提高劳动者素质》这些都是东财出版社出版的图书。

很多人说评判一个学校水平的高低，去看看它的图书馆就知道了。想要去东财的图书馆上自习，记得一定要提前预约，不然根本抢不到位置！而且也不允许带饮料、零食进入图书馆，这让喜欢一边吃东西一边学习的吃货们很是苦恼，不过这也在一定程度上降低了东财的"肥宅率"，算是一项很不错的规定。还有一点要提醒大家，千万别存在想要提前占座的侥幸心理，这个想法太危险了！不仅名字会被挂在墙上"展示"，还会被官方"驱逐"的。你的座位如果超过半个小时没有人，会被警告一次，超过三次的话，这学期就基本上与图书馆说拜拜了。

现在各种社交媒体上，总会有类似"转发这条锦鲤，你将会收到……""转发这只猫，你将会获得……"的消息霸屏。现在，只需

转发东财这颗大"冬菜"，你就能学到很多经济学知识，在就业"pass卡"上拥有姓名！

这里是IQ与EQ
驰骋的赛场，
但你从不是孤军奋战

///

东财学子除了学习文化课态度积极之外，体育运动也没落下，这可以算是东财的另一大特色。

"东财杯"篮球赛、乒乓球赛，东财足球校队、院队等运动项目，只有你想不到的，没有东财人不会涉及的。我们虽然不像一些大学规定有校园晨跑，但是几乎每天都有很多同学会在校园的绿茵场和跑道上运动、健身。

大学生活，尤其是大一大二，很大部分是由各种比赛、竞赛组成的，东财也不例外。这里不仅有各类院级、校级体育比赛，还有各种和我们专业息息相关的赛事，比如"大商杯"创新创业项目大赛、"乐研杯"全国财经高校大学生信息素养

大赛、企业价值创造实战竞赛、职业生涯规划大赛，等等。这里云集各类经济学高材生，曾被誉为"中国最盛产银行行长的大学"。

每个学校都有自己的王牌专业，会计学就是我们东财的ACE（游戏用语，此处指王牌）。几乎每一个东财人，无论是不是会计学专业的，都会拼命想要去考一个会计证，这似乎已经在东财蔚然成风。所以，大学不是乌托邦，也并不像想象中那么轻松，想要出彩，想要把自己的大学生活过得有意义，就一定要为之努力，为之奋斗！

所以你看，这里其实是IQ与EQ并存的青春赛场，每个人都在竭尽全力，希望在青春的赛场上散发出自己的光彩，但要记住我们从未单枪匹马孤军奋战过。穿过天桥、走过教室，有室友们为你留下的一盏灯；步伐坚定、目标明确，有队友们为你喊出的一句加油！

浪漫东财
唯花与美食不可辜负

///

汪曾祺曾说："人间存一角，聊放侧枝花。欣然亦自得，不共赤城霞。"在东财，你也有机会体会到这样的意境。

想看樱花？日本太远了，而且囊中羞涩。那去武汉、南京看吧！什么？人满为患？没关系，东财樱花园里的樱花早已挂满枝头等你啦！

在东财校园里，你可以静静感受"秒速五厘米"是怎样一种樱花飘落的速度；细细观赏，在四月的风里、在早春的雨里，簇拥枝头的樱花如何翩然起舞；一年一度的樱花节是东财学子们最期待的日子之一，因为似乎如花般的雪昨日还飘在空中，今日如雪般的花就已压弯了枝丫。

除了樱花美景，樱花烙、樱花酥、樱花玄饼、樱花蛋白糖……这些春日樱花季限定美食，也全部能在财东品尝到。虽然东财文科生少，但是我们追求美好和浪漫的心思却一点都不会少。

东财校园的美又何止这一点点。垂丝海棠、辛夷花、金连翘、梅花、桃花、杏花……这样的满园春色，绝对能够满足你的拍照欲望。如果你和我一样是一个热爱高颜值美物的人，相信你来了就不想走，因为我们就是传说中"别人家的大学"啊！

特别提醒一下，如果你错过了东财的春天，可别再错过这里的银杏。

寒露成霜，银杏正黄，此时的东财校园光影交织，碎金浮动，正是深秋最美的样子。漫步在银杏大道上，你会觉得脚底软软的，秋日的阳光温暖而不刺眼，好不惬意，感觉自己也化身为文艺青年了。

校园一日游之后，必须得来上一份远近闻名的"东财大盘鸡"啊！嫩滑的鸡肉加上软糯的土豆，酱汁和米饭搅拌在一起，一口下去，简直是人间美味。无论你站在东财的哪个校门，一走出去，各类美食应有尽有，一点都不用担心会吃不惯东北菜或是想念家乡菜，贵州酸汤鱼、重庆火锅、淮南牛肉汤等等在这里都能找到。

一入东财深似海，妈妈再也不用担心我的体重了！

一见东财"念"终身，"念"其理性之智，"念"其感性之美，"念"其"博学致用、经邦济世"。

报考须知

录取

- 对填报志愿采取非平行志愿方式的考生实行院校"志愿优先"的录取规则；对填报志愿采取平行志愿方式的考生实行"分数优先"的录取规则；无院校志愿考生不予录取。
- 专业录取采取"分数优先"的规则，无"专业级差"，以高考文化课总成绩作为划分专业的标准。
- 高考文化课成绩相同时，按以下顺序优先录取：①教育部和各省（自治区、直辖市）规定享有高考加分或降分政策的考生；②教育部规定享有"优先录取"政策的考生；③专业志愿靠前的考生；④单科成绩［文科按照语文、数学、外语；理科按照数学、语文、外语；无文理分科按语文、数学、外语；部分专业按照外语、语文、数学，该部分专业含日语、商务英语、国际经济与贸易、中外合作办学专业、会计学（国际商学院专业）、金融学（国际商学院专业）、中外合作办学项目。］

外语语种要求

- 日语专业只招收日语、英语、俄语、法语语种考生；商务英语专业只招收英语语种考生；国际经济与贸易、会计学的注册会计师方向和国际会计方向、萨里国际学院中外合作办学专业和国际商学院中外合作办学项目学习期间部分课程采用英语授课；其他专业，入学后外语课程均为英语。

中外合作办学

- 经教育部批准，学校与英国萨里大学合作创建了东北财经大学萨里国际学院，设有工商管理、财务管理和旅游管理三个中外合作办学专业；招生方式为：纳入国家普通高等学校招生计划，参加全国普通高等学校统一入学考试，并符合相关招生录取规定和要求。符合中外双方毕业与学位授予条件者，颁发东北财经大学的学历、学位证书和英国萨里大学的学位证书。

大连外国语大学
Dalian
University of
Foreign Languages

我中意你，
像和煦的风走了三千里

◎文/车厘子　图/孙鹏程

"你是帮助我实现梦想的助推手，不管是后悔、彷徨、迷惘抑或是懒惰，为了自己的梦想，我都终将一一克服。"

放春假，
大外的 "慷慨"
是认真的

大家都听说过放暑假、放寒假，但是听说过放春假吗？

是的，大外的学生是在全国高校春假排行榜上也有姓名的人。

这样 "拉仇恨" 的 "福利" 确实让很多网友化身 "柠檬精"："柠檬树上柠檬果，柠檬树下没假的我"。凭着春假优势，我终于也有机会扬眉吐气地说上一句："没错，我们就是传说中的 '别人家的学校' "。

但请你也不要误会，春假绝对不是让你做个 "快乐肥宅"。俗话说 "读万卷书，行万里路"，学校放春假的初衷是鼓励学生走出象牙塔，体验新事物，例如让经济尚不能独立的学生在旅行淡季以 "白菜价" 游览名山大川，参观世界文化遗产，而不是仅仅从书本和影视作品中了解中华文化的灿烂与辉煌。学校也鼓励学生深入社会一线，参与社会实践。

虽然我们比很多学校多出一个春假，可该上的课一点都不会少。

大外最大的优势就是丰富的语言资源，33个本科专业，覆盖日、英、俄、法、德等10个外语语种。在这里，你会遇到来自不同国家的国际友人，随时都可以练口语。

总之，学习氛围还是很不错的，就我所在的日语系而言，几间自习室经常满员，周六周日也得提前占座，早晨经常能在走廊或操场听到琅琅书声。

身边很多学长学姐常常开玩笑说："谁让咱们学校在郊区呢，到市区坐车都得一个钟头，远也就罢了，还小，那就只能认真学习了"。虽然是句玩笑话，也算侧面证明了大外学习氛围浓厚。多年来，这里为外交部输送过很多优秀人才。

大外还有一个让我这个吃货心动的地方是，学校门口海鲜街的尽头就是海鲜市场，海鲜很便宜，可以买了去附近的店里加工，随时可以吃到海鲜火锅、海鲜烧烤。在大外，一年胖十斤绝不是传说。

吹啊吹啊，
我的骄傲放纵

在大外生活的第一个学期，我深深地体会到大外 "大风女子学院" 的别名真不是浪得虚名。不仅是因为大外男女生的比例是1:19.5，更因为这里的风，那叫一个大，让我一度以为《野子》这首歌是写给大外的。

大外因为靠海，所以一年到头风都很大，冬天尤甚，在大外的校园媒体上，更有同学创作了一首大外版的《当》来形容大外的风到底有多 "野"：啊~啊~啊~啊~啊~当冬天渐渐来临的时候/当大风不再停/当狂沙眯眼日夜不分/花草树木全部凋零/我还是不能和秋裤分散/不能和它分散/你的温暖是我今年最大的守候……

大外冬天的风名声在外。大风一吹，我的发型美不过三秒，口红一定会黏住头发。什么要风度不要温度都靠边，更重要的是"保命"！最厚的秋裤、最长的羽绒服统统上阵。于是我只能一遍遍对着镜子里像粽子一样的自己洗脑：加油！我是最美的！

虽然大外狂风肆虐，给生活带来诸多不便，但是在大风刮过的日子里，我们总能在校园的各个角落，发现动人心弦的暖人瞬间。

老师在狂风中紧蹙双眉，两手夹书，行色匆匆。风吹乱了他的发型，鼓起了他的衣衫。虽然看着有一些狼狈，但他依然按时到了教室，认真授课。

校园的清洁工人们，天蒙蒙亮时，就用扫帚"沙沙"地清扫树叶。尽管他们的发丝飞舞在寒风中，脸颊被吹得通红，但却用执着和敬业为我们创造出整洁的校园环境。

大外官方抖音，
"抖"出校园精彩

抖音凭借着酷炫的特效、灵活的拍摄技术和强大的滤镜效果，已经逐渐深入我们的生活，国内众多知名高校也趁机纷纷"下海"—"抖"为快。

大外这么国际范儿的学校当然也要跟上这股潮流。学校的官抖虽然运营时间不长，但却在大连所有高校中获赞最高，有一年六一儿童节时制作的创意视频还获得16.6万点赞数量。官抖撑起了学校招生的"半边天"，连校长都来"站台"，为大家介绍专业设置、校园文化、师资队伍等情况。在全国有蓝V认证的各大学官抖（官方抖音号）中，大外官抖综合数据位列第一。

点进大外官抖首页，你将看到精彩纷呈的校园活动、各种脑洞大开的段子和来自世界各地的美食。随着大外官抖传播力度蹭蹭上涨，大外校园的精彩生活，正不断为网友津津乐道，很多网友直接就在官抖上咨询起了报考情况。嗯，确认过眼神，你是大外喜欢的人，欢迎大家成为我的师弟师妹。

在大外，我看见了男女比例1:19.5的现实情境，男宿舍楼只有2栋，女宿舍楼有无数栋。于是搬东西、扛箱子，只能自己化身大力水手。

在大外，我懂得了学习语言需要付出的艰辛，每天早起第一件事就是背单词。语法、句法、文学作品赏析是必备佳肴。

在大外，我体会到了校园环境的友好，看到了非洲雁、喜鹊，还有晒着太阳懒洋洋打盹的"喵星人"和"汪星人"。

虽然我"吐槽"它，但终究更多的是爱。

从夏天到冬天，从懵懂到熟悉，从忐忑到淡然。时间倏忽而过，如白驹过隙，转瞬即逝。可对这里的爱很长，如高山大川，绵延不绝。

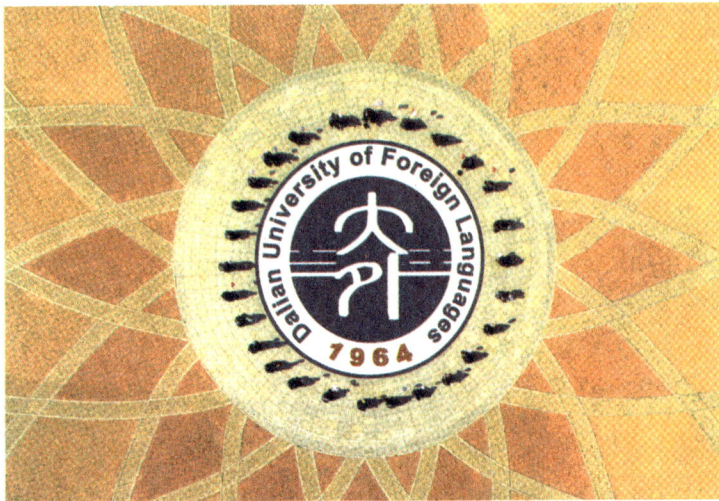

报考须知

投档录取

- 按"平行志愿"投档的批次，调档比例为100%。
- 按"顺序志愿"（含混合平行志愿）投档的批次，调档比例原则上不超过当地招生计划的120%，当第一志愿上线考生数不足计划招生数时：在同批录取学校控制分数线以上，按考生志愿顺序从高分到低分择优录取；当第一志愿上线考生数多于计划招生数时：不再调阅其他志愿考生档案。
- 在内蒙古自治区招生实行"招生计划1:1范围内按专业志愿排队录取"的录取原则。
- 对于进档考生，学校依据考生的投档成绩，实行"分数优先"的原则，从高分到低分安排专业，专业志愿之间不设分数级差。对于投档成绩相同的考生，按照"先外语后语文"单科成绩的顺序择优录取。对于专升本投档成绩相同的考生，按照"专业综合课、技能考核和外语"单科成绩的顺序择优录取。

外语语种要求

- 外国语言文学类专业只招收英语语种考生。
- 其他专业无外语语种限制，部分专业课程用英语授课，非英语语种考生慎重报考。
- 报考艺术类、计算机科学与技术、信息管理与信息系统、软件工程、网络工程专业的考生不需要参加外语口试，报考其他专业的考生，如考生所在省（区、市）级招生考试机构组织外语口试，考生须参加口试且成绩合格。

身体要求

- 体检标准按照教育部、原卫生部、中国残疾人联合会印发的《普通高等学校招生体检工作指导意见》执行。
- 根据外事、外贸和旅游等工作的要求以及外语学习的特点，要求考生体貌端正、口齿清楚、听辨灵敏。

辽宁师范大学
Liaoning
Normal
University

四季冷暖
都是你

◎文/余杨　图/余杨

"四季把时间悄悄带走
了，在辽师生活的点点滴滴，
我却总舍不得遗忘。"

走过街天桥是
辽师人的必备体验

开学前，我从学长那里听来的第一句话就是："没爬过大通道、走过天桥，别说你来过辽师"。

我当时就想，不就是爬个楼梯走个天桥的事吗，有什么值得大惊小怪的。直到我来到学校后，发现微信步数里给我点赞的人都变多了，才见识到校园有多大，明白了这两条"辽师交通要道"存在的必要性。

辽师有两个校区，分别是黄河路校区和西山湖校区。我所在的黄河路校区，南院和北院之间由一座天桥连接着，这就是我们口中的"辽师天桥"，横跨在黄河路上的天桥看着虽破破烂烂，但上面却霸气地标着的"辽宁师范大学"六个字，吸引着人们的注意。

在北院后山公寓城和前山教学楼之间的，就是那条百度地图航拍里也能看得清清楚楚的"辽师大通道"。

清晨，当太阳升起，阳光穿过天桥栏杆间的缝隙时，有早课的学生就开始赶路了。因为从后山的寝室到田家炳教学楼，其间，隔着267级大通道阶梯和200米的30度下坡路，以及横跨天桥后的南院梧桐路。长路漫漫，我们不得不6点就起床赶8点的早课。

至于早餐，多数人通常就在路上匆匆解决了。不过有部分注重养生的同学，担心走路吃饭伤胃，选择快步走到第一节课的教室里，在上课前解决掉早餐。每天早上第一节课，外教走进教室的第一句话就是"The first class always smells like breakfast"。

习惯回寝睡午觉的同学，会发现只过了半天，你就成了微信步数排行榜里的前几名。

不过走得多了，倒也有不少好处。每天从寝室到教学楼奔波这两三趟，波棱盖（东北方言，指膝盖）会酸，但运动量这么大，吃起东西来

也没那么多顾忌。想想看，如果你在一食堂吃了盘炒饭，经过排球场，路过坡上3家超市，再爬上大通道，燃烧掉的卡路里已经足以让你大快朵颐的罪恶感消失，于是在公寓楼下，你可以心安理得地买杯奶茶。

食堂的饭菜
有多好吃，
体重秤会告诉你

辽师的食堂，更像个美食广场，让我在踏入食堂的那一刻，就变得选择困难。

一食堂、南院食堂、西山食府、北山食府……你走进食堂门，会发现东边淮南牛肉面连着日式料理，西边铁板炒饭连着抚顺麻辣拌，什么都想来上一口。有句话说："考虑中午吃什么是人的一天中最放松的时候"。我们的食堂可不存在吃腻不想吃之类的问题，随便一个食堂，就够你变着花样吃上一个学期了。

而且我们学校的厨师还极具创新精神，你能想到的想不到的"黑暗料理"在这里都能吃到，诸如香橙鸡片、苹果雪梨炒肉、葡萄玉米粒、地瓜小草莓之类的菜

品，乍一看无法想象它的味道，但吃到嘴里发现味道还不赖。

食堂里还推出了"计量式自助餐"，你可以吃什么选什么，吃多少选多少，菜品14元一斤，米饭5角一碗，汤免费。选好后，你把挑选的食物放在秤上称重，根据重量结账就行。一般女生吃一顿"计量式自助餐"10元内就能搞定，男生需要15元左右。食堂每天提供的菜品，还会根据学生的反馈，及时进行调整哦。

可以满足我们舌尖欲望的地方，不止有这三四家食堂。当你走到北院后山的公寓城，你会发现这分明是一个美食城。通道口的水果捞、一公寓对面的烤冷面、七公寓楼下的热狗和"塞班岛"后面的奶茶铺，都是我们窝在寝室刷美团时的备选项。

在这种被美食环绕的环境里，不是你想瘦就能瘦的，而是你能少胖多少是多少。

花草与猫，
是学校四季的忠实观众

来到辽师，我总抱怨手机的内存不够大，却一张照片也不舍得删。

学校的四季都在不自觉发散魅力。不过我们多数人只是过客，只有这里的花草与猫，才是学校四季变化的见证者。

春天，主楼前的草坪，不知何时已经绿成了一片，灌木丛就静静地排列在行政楼前，守卫着那块"学海无涯"的石碑。此时，向左转的路口和学术报告厅门前的小径上，玉兰花和桃花谁也不服谁，使出浑身解数竞相绽放，不过散落在鹅卵石路上的花瓣再美，也留不住经过这条路

的人。谁让他们胳膊肘夹着书和文件夹，只一门心思往小路尽头拐角处的图书馆走去。行道树也发出了嫩芽，将整条柏油路两旁染上了绿色。春光下的柏油路，成了辽师小猫玩耍的天堂。可以说，辽师的万物，各个都春意盎然。

辽师的夏天十分友好，温暖却不会让你有种被火烤的炎热感，也没有湿气笼罩下的南方那种蒸炉式的闷热，海风就是校园里的"天然空调"。虽然这个季节很舒服，但毕竟是夏天，聪明的小猫习惯躲在大通道的荫蔽下，也总有在夏天去趴柏油路的"傻猫"，它们热到怀疑"猫生"，以为是"铁板烧自己"。

到了秋天，学校的道路就被落叶裹得严严实实，这景观既萧瑟也壮观。在辽师，你坐在道边的石阶上，看着车轱辘卷起的风带着黄叶扬起来，心里痒痒的有种说不出的滋味。另一边，一群摄影爱好者上赶着拍"猫片"——小猫们在灌木丛里、在落叶堆中追逐嬉戏的画面，咔嚓一声就给定格了。

当光秃秃的树枝上有了白色点缀时，我们就知道冬天来了。冬天的辽师是浪漫的，不管是有伴儿的还是单身的，无论是人还是猫，都在期待初雪的到来。

四季轮转把时间悄悄带走了，我在辽师生活的点点滴滴，却总舍不得遗忘。

我时常想，如果下个秋天到了，能回到大一刚踏进校门的那一刻，该有多好。🐮

报考须知

📜 录取

• 在综合考查考生德、智、体等水平合格的基础上，对于进档考生，学校按"分数优先"的原则（内蒙古自治区除外），优先满足高分考生的专业志愿，专业志愿之间不设分数级差。

• 对于录取分相同的考生，按生源省份（自治区、直辖市）招考办文件要求，依次参考相应科目的成绩从高到低择优录取。

• 若生源省份（自治区、直辖市）招考办文件对录取分相同的考生未明确要求参考的科目顺序，学校文史类依次参考语文、数学、外语单科成绩从高到低择优录取；理工类依次参考数学、语文、外语单科成绩从高到低择优录取；体育类和艺术类各专业录取分相同时，依次参考专业成绩、文化成绩及相应科类的文化单科成绩从高到低择优录取；运动训练专业录取分相同时，依次参考专业成绩、文化成绩、语文、数学、外语、政治单科成绩从高到低择优录取。

Ⓐ 外语语种要求

• 英语（师范）、翻译、法语、国际商务、国际商务（中外合作办学）、汉语国际教育（师范）专业只招英语考生。日语（师范）、日语专业招日语、英语考生。俄语专业招俄语、英语考生。其他专业语种不限。

• 报考英语（师范）、法语专业的考生要求英语成绩达到外语满分的70％；报考翻译、国际商务、汉语国际教育（师范）专业的考生建议英语成绩达到外语满分的70％；报考外语类专业且高中用民族语授课的考生外语成绩要达到外语满分的60％。

• 国际商务（中外合作办学）专业只招有专业志愿的英语考生，建议英语成绩达到110分（满分150分，满分不是150分的按比例计算）。

📷 身体要求

• 学校按照教育部、卫计委、中国残疾人联合会印发的《普通高等学校招生体检工作指导意见》执行。

• 报考旅游管理和酒店管理专业的考生，原则上要求男生身高在170厘米以上，女生身高在160厘米以上，身材匀称，且有较好的普通话基础。

• 轻度色觉异常（俗称色弱）及色觉异常Ⅱ度（俗称色盲）不能录取到美术类各专业。

大连高校专业推荐

高校	重点专业 & 新设专业	招办电话
大连理工大学	**重点专业：** 软件工程、集成电路设计与集成系统、水利水电工程、机械设计制造及其自动化、电子信息工程、建筑学、土木工程、信息与计算科学、应用物理学、过程装备与控制工程、化学工程与工艺、船舶与海洋工程、材料成型及控制工程、热能与动力工程、环境工程、工程力学、高分子材料与工程、电气工程及其自动化、港口航道与海岸工程、生物工程等 **新增专业：** 人工智能	0411-84708375
东北财经大学	**重点专业：** 经济统计学、财政学、金融学、工程管理、工商管理、市场营销、人力资源管理、物流管理、会计学、财务管理、劳动与社会保障、电子商务和旅游管理等	0411-84710259
大连海事大学	**重点专业：** 法学、英语、航海技术、轮机工程、物流工程、地理信息科学、电气工程及其自动化、电子信息工程、通信工程、交通运输、救助与打捞工程、船舶电子电气工程等	0411-84727233
大连大学	**重点专业：** 护理学、小学教育、生物技术、机械设计制造及其自动化、制药工程、临床医学、旅游管理等	0411-87403633

speciality recommend

DA LIAN

辽宁师范大学	**重点专业：**教育学、心理学、地理科学、思想政治教育、汉语言文学、数学与应用数学、物理学、化学、法学、俄语、历史学、文物与博物馆学等	0411-82158993
大连医科大学	**重点专业：**临床医学、口腔医学、中西医临床医学、医学检验技术、药学、麻醉学等	0411-86110222
大连工业大学	**重点专业：**通信工程、轻化工程、食品科学与工程、食品质量与安全、生物工程、环境设计、服装与服饰设计、产品设计等	0411-86323661
大连海洋大学	**重点专业：**水产养殖学、海洋科学、食品科学与工程、船舶与海洋工程、港口航道与海岸工程、机械设计制造及其自动化、土木工程等	0411-84763156
大连外国语大学	**重点专业：**日语、英语、俄语、朝鲜语、德语、法语、翻译等	0411-86111157

高校

SH〇WTIME

来自大连理工的温馨提示: 同学, "一卡通" 不是一"卡通"哦!

2019年, 一张内容为"大连理工大学2019级新生入学指南"的截图火了, 单看指南内容并无特别之处, 但文末的特别标注吸引了大家的目光: 去年有位同学把学校要求的上传"一卡通"照片理解为上传一"卡通"照片, 传了个"奥特曼"上去, 希望今年不要再有此事了。

虽然网上的截图内容并非大连理工大学官方发布文件, 但是大连理工大学的官方微博还是进行了"温馨提示": "一卡通"不是一"卡通", 大工不是"打工"。

其实, 相比冷冰冰的文件内容, 这种亲切却又不失幽默的通知内容, 更接近学生们的生活。🕐

大连外国语大学食堂"1元菜"成"温暖牌"菜品

2019年, 大连外国语大学食堂推出的"1元菜"在网络受到关注和热议, 多种可口菜肴仅1元钱就可以买到。食堂相关负责人表示, 虽然菜价低, 但保证让学生们吃饱, 吃好!

"1元菜"的菜品好吃不贵, 分量也足, 绝对管饱, 让前来食堂就餐的学生们络绎不绝, 既为学校食堂赚足了"人气", 也为更多学生提供了就餐保障。

有网友感叹学校此举真"贴心", 还有不少网友酸了, 称"又是别人家的学校"!⊗

东北财经大学: 这里有一群可爱的"喵星人"

在东财的校园里, 有一群软萌的可爱小伙伴, 它们就是那群在这里过得悠哉乐哉的"喵星人", 它们是东财别样的风景, 也给东财师生增添了不少生活的乐趣。

其中, 最著名的当属酷酷的"大黄", 它时常匍匐在停泊的车旁, 偶尔有风从车轮下漏过, 它便蜷缩成一团, 白色的毛球上是两只尖尖的耳朵, 行动时安静得像片雪飘落在地上。好奇的学子欲靠近逗弄它时, 它则会慢慢地挺起脊背, 微仰着头颅, 摇晃起威武的黄尾巴, 睁大了眼注视来者, 像发现调皮学生的教导主任, 不怒自威的神态让所有学子分散的心思都重新归位。东财一天从琅琅的书声和一只黄尾猫开始, 普通但却暖意融融。🕐

济南

最 温 和

JI
NAN

总被忽略的泉城，
不只活在过去

◎文/丸酱kiki 图/图虫创意

当下的济南，一半是'一城山色半城湖'的宁静祥和，一半是不甘平庸求发展的积极向上。当这两种状态融合在一起，面前是梦想，身后是生活。这样的济南，不仅充满魅力，更显得有潜力、实力和底气。

老·济南

很多人第一次认识济南，是在语文课本上。一篇是老舍先生笔下的《济南的冬天》，另一篇是《趵突泉》。

温润如玉，我想是对济南最贴切的形容词。

这座城市，不像传统意义上的北方城市般寒冷干燥，无论哪一季，都充满柔情。老舍在《济南的冬天》里写道，"济南的冬天是没有风声的"；刘鹗在《老残游记》中说，"济南比那江南风景更为有趣"。因着这份特质，古代文人学者也多爱长居于此，杜甫、李清照、辛弃疾、邹衍等，都曾在这里留下痕迹。

在当地人眼里，"一眼泉，一壶茶，一段小曲；几条鱼，数株柳，朵朵芙蓉；千条巷，万道街，无数名匾……"这都可以是他们热爱济南的原因。

济南的生活，有一股平淡的烟火气。可能受到传统儒家文化的浸润，它和上海、深圳等城市相比，显得更内敛。济南从来不是一座光怪陆离的城市，它没有奢靡的夜生活，刻意放慢了节奏。这里的一切都是从容简单的，如同济南城里的那72眼泉，泉水缓缓流淌，生活稳稳度过。

安宁的生活，并不意味着这座拥有千年历史的老城毫无进取心。它深知，只有跟随时代持续前行，才能带给这座城里的人庇佑，带给人们无限的安全感与归属感。

新·济南

　　这些年，济南发展得不算顺利。尤其是在山东省内，和青岛竞争激烈，从"山东济南，中国青岛"这个"梗"中，也能体味到一二。

　　青岛是沿海城市，在GDP（国内生产总值的指标）上一度压着省会城市一头，这让济南略尴尬。好在利弊总是共存的，青岛的超越，也使济南更有谋求发展的紧迫感，不敢松懈。于是，在"2019中国城市发展潜力排行榜"中，努力努力再努力的济南终于排到了全国第17的位置，超越了"老对手"青岛。

　　与此同时，济南还收获了"全球二线城市""全国文明城市年度测评第一名""中国十大夜经济影响力城市""2019腾讯城市品牌计划十大品牌城市""2019国际花园城市金奖""中国新媒体之都""全国首个国家智慧物流创新先行区""全国最具幸福感城市"等亮眼成绩单。

　　伴随城市发展的，是产业升级和名企进驻。在济南，浪潮集团的互联芯片领先全球，新一代神威E级原型机系统在国家超算济南中心启用，世界首个量子通信专网在济南正式运行……思科、西门子、博世、IBM等一批跨国公司的落户，也彰显出它们对济南的信任。

　　教育方面，济南也攒了不少"家底"。"大学43所，在校大学生73万人，院士、高层次专家72人，院士(专家)工作站61个，国家级企业技术中心26家，各类企业研发机构818家，省级以上科研院所107家，科技人员总量60余万人……"这些不断更新中的数字，正作为这座城市的"最强大脑"，引领济南的发展。

　　"走在前列""先行先试""扬起龙头"这三点，既是国家对济南的发展要求，也是济南自身发展的参照坐标。

　　城市的改变正在发生，"新"济南的发展不容小觑，奔跑的态势造就未来无限想象。

山东大学
Shandong
University

热爱可抵
岁月漫长

◎文/春笙　图/图虫创意 山东大学官方微博

"'公家'设立学堂，是为天下储人才，非为诸生谋进取；诸生来堂肄业，是为国家图富强，非为一己利身家。"

今晚月色真美, 风也温柔 ///

　　漫步在山大校园，所望之处，尽是参天梧桐，不禁引人遐想：这山大校园里的梧桐是为谁而种？阳光穿过片片绿荫，在地上投出斑驳光影，一路梧桐为山大学子撑起一片阴凉。

　　粗壮的梧桐树以挺拔的姿态、傲入云天的气势，耸立于弘德大道两旁，让人愈发感觉到自己的渺小，像极了我们在先贤的注视中上下求索的姿态。那曼妙的枝丫、葱郁的绿叶随风飘扬，散发着自由的滋味，在这片绿荫下，我们可以尽情地迈出尝试的脚步。

　　清晨，在琅琅书声中穿过小树林，鞋底与木板路叩出轻响，匆匆而过，怕惊扰了醉迷于书中颜如玉黄金屋的学子；刷卡进入文理馆，走过一层一层回环的楼梯，看过一圈又一圈自习的同学，庆幸自己前一天就预约了座位，不然又要败兴而归；吃过晚饭，推开宿舍自习室的门，里面的人数不会因为是吃饭时间而减少，考试周临近，更是有一大批准备刷夜的学生停留。

　　严谨踏实，这是大多数人对山东人的印象，山东大学便是沿袭了这一特色。"学无止境，气有浩然"，山大的校训是踏实进取的，是心胸开阔的，是正义凛然的，在此文化下熏养的学生更是这样。

钟灵毓秀, 文史见长 ///

　　提起山大的优势学科，首先想到的一句话便是"文史见长"。1901年山东大学成立之初，即设有文学科目和"中外史学"课程。20世纪30年代，杨振声、闻一多、舒舍予、梁实秋、沈从文等一批大师、学者和作家云集文学院，为山东大学的校史增添了光彩。此间，更是发生了"闻一多破格录取数学零分的臧克家"的美话，只因那一句"人生永远追逐着幻光，但谁把幻光看作幻光，谁便沉入无底的苦海"；新中国成立之初，享誉中国史学界的"八大教授"任教于山东大学，进一步奠定了山大以文史见长的传统。

　　而今，文学院专设"闻一多班"，上课时基本是全教授阵容。从学术导向方面来说，山大以培养文学界的顶尖人才为目标，实行"滚动式"的淘汰机制，保研率高达60%（山东大学整体保研率约25%）。

山大不止有优秀的文史专业。在全国第四轮学科评估中，山大的A类学科有八个，分别是数学、马克思主义理论、中国语言文学、应用经济学、外国语言文学、控制科学与工程、药学和工商管理，B+学科的数量位于各高校榜首。

身居管理学院，我对工商管理榜上有名感到十分自豪，也深知它当之无愧。专业课的老师大多数都博闻强识，不仅专业功底深厚，不少人还在企业或政府部门任职。创新创业基础课上，王毅老师幽默风趣，用经营煎饼果子摊比喻创业，把"创业"二字从学生心中的"神坛"拉下来；企业战略管理课上，班博老师融通古今，融合历史与管理，授课氛围大气磅礴，培养学生的大局观；认知实习周，老师带领学生走出校园，参观制造业、零售业和互联网产业，倾听企业管理者的声音，将学到的东西落地践行。

百年山大，鸾翔凤集，济济群英，给各学科画上浓墨重彩的一笔；但我们更相信，新故相推，日生不滞。

又见枝头**吐新芽**

///

是什么让我慢慢转变了对山大刻板的印象？

或许是那一幢幢在网络上博得众多关注的楼房吧。冬去春来，暖暖的春风吹开了信息楼前的绿幕，焕然一新的教室让同学们争先恐后地去打卡，信息楼俨然变成了热门打卡地。马卡龙色的墙壁，满足了女生的少女心；被点点星灯照亮的楼间走廊，配上设计精美的吧台沙发，让沿途风景不再单调；扩大女厕比例，高峰时期不再排队；定制教师休息室、最柔软的座椅，给"园丁"最舒适的享受。

或许是被誉为"亚洲第二大食堂"的齐园餐厅吧。"大学食堂哪家强，山东大学必上墙""高校美食界的颜值担当""集齐天南海北珍馐美味"……这些称呼是无数学子被山大美食征服之后发出的赞叹。一校三地八校区的格局让山大坐拥30个食堂，上千种美食荟萃。其中位于山东济南中心校区的齐园餐厅最为有名，上下共五层，包罗了各地特色美食，还有定期推陈出新的花式菜品，是学生永远吃不腻的美味。

又或许是教学楼和图书馆卫生间里永远充裕的纸巾，看似很小的一件事，却是最戳人心的。山大在人文关怀方面做出的努力，我们真的看到，也感受到了。

年年岁岁花相似，岁岁年年人不同。走过119个春夏秋冬的山东大学，在每年夏秋之交都会抽出新的枝丫，尽己所能带领学生找寻热爱，托举学子扶摇而上，用指尖触摸青云。🌿

报考须知

投档及录取

- 投档时，对教育部和各省（区、市）教育主管部门规定的全国性高考加分项目，学校认可考生具备的所有加分项目中最高一项加分，且最高不超过20分；该加分在投档、分专业时均适用，但所有高考加分项目及分值不适用于不安排分省分专业招生计划的招生项目。

- 山东大学按照进档考生的投档成绩和专业志愿安排考生录取专业，除个别省份和招生类型外，专业分配时按照"分数优先"原则进行，各专业志愿之间无级差。在专业招生规模允许的范围内，学校将根据考生专业志愿情况适度调整专业招生计划安排。

- 在投档成绩相同的情况下，按相应省份同分比较规则执行；对没有明确同分比较规则的省份，依次优先录取实考分高者、有政策加分或降低分数要求投档者、相关科目分数高者。相关科目分数比较顺序：文史类考生依次比较语文、文综、数学、外语，理工类考生依次比较数学、理综、语文、外语，综合改革省份考生依次比较语文、数学、外语、选考科目中最高分。

- 录取时，往届生和应届生无差别；学校所有招生专业无男女生比例限制。

专业要求

- 护理学专业只招收有该专业志愿的考生，该专业在学校提档线上生源不足时，可在考生所在省一本线上适当降分录取。

- 艺术类、体育类、高水平运动队、非西藏生源定向西藏就业等类型录取的考生，以及护理学专业通过降分或征集志愿录取的考生，入校后不得转入其他专业学习；外语类保送生不得转入非外语类专业学习。

- 山东大学威海校区中外合作办学专业、国际政治专业，学习期间部分课程将采用英语授课，外语统考语种为非英语的考生，谨慎填报该专业志愿。

山东师范大学
Shandong
Normal
University

远处微光点点
唤起校园的梦

◎文/董泽 图/图虫创意

　　高考填报志愿时，因为对大学知之甚少导致选择时无从下手，我索性参加了一个"报考补习班"。因为一直在东北生活，当时很想去沿海的城市。和老师说明需求并衡量模考成绩后，老师迅速帮我写好五所沿海城市的院校志愿。

　　但当我接到录取通知书时，脑袋"嗡"的一声响——报到地：济南？

　　就这样，我顶着"满脸黑线"来到了山东师范大学。

师范大学
还是"吃饭"大学

　　大学军训并没有想象中可怕，也可能是人一紧张，时间就过得飞快。半个月的军训结束后，我的大学生活便正式开始了。

　　来到大学后，我才知道山师有两个校区，一个是千佛山校区，另一个是长清湖校区。千佛山校区坐落于千佛山景区的脚下，校园整体典雅别致，这里主要汇聚了教育学院、法学院、数学学院等学院里"内功"深厚的专业。而我所在的长清湖校区，则扎根在新开发的长清大学城里，背靠双龙山与长清湖，景致同样不俗。长清湖校区建成仅十几年，宿舍楼、教学楼、球场、浴室等地都还散发着"年轻"的气息。

　　在外人眼里，山师是一所久负盛名的师范院校；但在我们这群大一新生兼"吃货"的眼里，它却是名副其实的"吃饭"大学。

　　千佛山校区的红烛园餐厅、桃李园餐厅、南苑餐厅可以让你吃上一个月不重样。吃满一个月后想要"尝鲜"，你只需走出校门大约十步，就能看到长达几百米的夜市，这里的各种小吃琳琅满目。长清湖校区更是坐拥山师"网红"美食——大骨面。虽然那碗大骨面里没有大骨头，也没有大块肉，但在山师人的心里，一把豆干炒肉配上一碗劲道爽滑的热汤面，就是永远也吃不腻的味道。

　　比起千佛山校区，长清湖校区的美食更爱藏在那些你可能猜不到的地方。清晨，你总会看见三两成群的学生叼着烤肠、啃着玉米往教室跑，那是因为早餐小店就藏在教学楼连廊的桥墩里；路过图书馆，你总能看到坐在窗边的同学一边翻着书，一边喝着咖啡，那是因为咖啡厅就藏在图书馆的顶楼里……

　　就这样，"逛吃逛吃"便贯穿了我第一年的大学生活。

文科生也要
学机械

　　作为师范类院校，山师实力强劲的师范专业有十余种。除了核心的汉语言文学专业，思政教育、历史学、生物科学、地理科学等专业，也为山东省乃至全国输送了大批优秀师资。

　　我的专业是新闻学，可能你会觉得，在师范院校学习非师范专业会不会处在边缘位置，但我从未有过这种感受。

　　不论学什么专业，大二都是课业较忙的阶段。因为大一的通识课结束后，各类专业课便一股脑儿涌来。虽然忙碌，但也正是这个阶段让我第一次意识到，学习也可以那么有趣。

　　大二开始，除了专业课外，学校还要求我们选修其他门类的公选课。其好处在于，你可以尽情了解那些你想去触碰的未知世界。比如与西方神话、古典音乐、《红楼梦》赏析等相关的课程都受到学生欢迎。而本就是文科生的我，在选课时决定"不走寻常路"，选修了一门与机械相关的课程。上课时，虽然我们这些"门外汉"听得似懂非懂，但不论哪节课教室都座无虚席。毕业后，我也总和身边朋友开玩笑说：“我大学的时候也学过开挖掘机”！

除了学习，大学生活的另一面还体现在学校各式各样的社团活动里，Cosplay、说唱、狼人杀，在这里你总能找到志同道合的伙伴。于是，“俞伯牙”与“钟子期”容易在吉他社相遇；“刘关张”可能会在日漫社结义；“小乔”和“周瑜”的爱情可能发生在舞蹈社的地下练舞间……在社团所遇到的志趣相投的人，可能会成为你一辈子的挚友。

考研，
与你并肩同行

///

大四那年，三个月的实习生活匆匆过去。临近毕业，所有人都犯了“焦虑症”。

高考结束后，周围人总会和你说“这下你可算自由了”，但却很少有人告诉你，这份自由有多可怕。考研还是工作？你需要对自己的未来下判断，做决定。当然，结果不论好坏，你都得“吞到自己肚子里”。

山师是山东出了名的考研圣地，我周围的大多数同学都决定读硕士，就在这样浓厚的考研氛围中，我也从最初的抵触，渐渐地自觉变成一个“考研人”。

“考研人”是山师的一道靓丽风景，因此也出了不少新闻，如“寝室八姐妹集体考研上岸”……考研的高成功率，源自背后的辛勤付出。

清晨，“考研人”在湖边对着空气背单词；为了专注精神，窝坐在楼梯转角处“面壁”算高数；为了节约时间，直接把书桌搬到走廊里，背书、吃饭、午休都在小方桌上解决……这都是山师校园里很常见的场景。

功夫不负有心人，最终我与我的“考研战友”们都取得了不错的成绩，被北京大学、南开大学、东北师范大学等名校录取。

对决心考研的人来说，辛苦并不可怕，怕的是周边无人理解。在山师，最庆幸的，便是学校为我们搭起了一架桥，你身边的人，都愿意陪你一同通过这架桥，向着更远的方向前进。

大学毕业已经两年，我去了新的学校、新的城市。但我继续读书时的选择，让我的生活和之前一样——选课、上课、写论文，好像什么都没改变。这段时间里，我没有刻意提起过我的大学，微信里却一直留着“山东师范大学”的公众号。至今，我仍庆幸当初填志愿时那个“错误”的决定。

感谢山师，赠予我回忆与未来。

也欢迎你来到这里，度过你的大学四年时光。❀

报考须知

投档及录取

• 按照"分数优先、遵循志愿"的原则进行录取。进档考生按高考投档成绩由高到低，依次根据考生所报专业志愿确定录取专业。

• 在内蒙古实行"招生计划1:1范围内按专业志愿排队录取"的原则。

• 在江苏实行"先分数后等级"的原则，必测科目成绩均须达到合格（或C级及以上等级），选测科目等级要求为BB及以上。

• 在北京、天津、上海、浙江、山东和海南等高考改革省（市）的录取工作按照相关省（市）文件执行。考生选考科目应符合学校招生专业（类）规定的选考科目。在上海等按照专业组进行投档的省（市），按照"分数优先、遵循志愿"的原则在同一专业组中安排专业。

• 投档成绩相同时，若生源地规定了位次确定原则，优先录取位次高者；若未规定位次确定原则，文史类依次按语文、外语、数学单科成绩排序确定位次，理工类依次按数学、外语、语文单科成绩排序确定位次，优先录取位次高者；各单科成绩均相同时，结合考生高中学业水平考试成绩等因素，择优录取。

外语语种要求

• 英语专业要求考生的外语应试语种为英语。

• 其他专业考生不限制语种。

济南大学
University Of Jinan

所有遇见都是
独特的痕迹

◎文/李雪 图/图虫创意 济南大学官方微博

薄雾晨间起，山水共相映，这山水薄雾之间所笼罩的便是我的校园——济南大学。也许它不如我们心中所想那么完美，但遇见它后我才明白，最好的不是我要的你都能给予，而是我们能彼此成就。

甲子湖畔，
相约初见

窗外阳光正好时，我总爱到湖边的草坪走走，看看苑中的玉兰是不是已经开满枝头，引来蜂蝶驻足；或是在林间小路上走走，看看一块块满是故事的红砖又新添了谁的青春与爱情；抑或是在甲子湖畔的巨石边静坐一会儿，看岸边随风摇曳的柳树与水镜中的倒影一争胜负，徐徐清风中好似还夹杂着清晨的琅琅书声。湖边静坐虽没有闲来垂钓的意境，却也能在喧嚣世界中寻得自己的一方世界。

青春与朝气是济大学子的标签，清晨篮球场上，篮球与地面的撞击声，是把我们从床上叫醒的最好闹铃，更不要说那操场上响亮的口号，顺着声源望去，你会看到身穿迷彩服的"战士"，胸怀从军梦的少年们聚在一起训练的场面真是分外养眼，他们在操场上的拼搏与汗水，构成了学校最独特的色彩——翼虎军团。

翼虎是新生进校后接触到的第一个社团，毕竟我们都要在翼虎的训练下接受军训，也许我们并不能完全承受来自翼虎的训练强度，但这并不能打消我们加入这个团体的热情，更不要说翼虎承办的每年一期的校园真人CS大赛了，"枪"起"枪"落之间，展现的是属于济大学子的热血与活力。

初见，我们虽来自不同的地域，但我们因济大聚首，便有了一起哭、一起笑的联系。或许在济大最美好的事情，就是我们这样一群素昧平生的人，因为梦想、目标或兴趣而成为朋友、恋人甚至是超越血脉联系的"亲人"。

滋兰苑旁，
共许诺言

大学生活也许不似高中那般拼命追赶时间，但也不能虚度分毫。济大教给我们的便是回归最初的本心，找寻那个追逐梦想的自己。也许我们曾经的梦想，在高考的"高压"下被迫按下暂停键，但在这里，没有任何人可以干预你追梦的权利，你能通过努力去达成自己的目标。

如果你想增加阅历，学校的各类组织和社团是个不错的选择，在"百团大战"活动中，你一定可以找到心仪的社团。

你可以加入充满科技感的AUTO社，结识各科技领域的高手，学习如何解决日常生活中的电子问题，极具实用性；可以选择加入热衷公益的爱心社，假期参与各项公益活动，为世界送去更多的美好；也可以加入独爱野营、经验丰富的凌云远足社，利用假期踏遍济南的每一座大山，或徒步药乡，前往七星台露营赏星。

同时，学校也会为想要提高实践能力的学生提供暑假实习的机会，我最喜欢的是每年的"三下乡"和支教活动，在假期和支教队伍深入乡村调研或参加支教活动，虽然我们住的是最普通的大通铺，吃的是自己做糊的饭菜，但那种成就感是无可替代的。

"海阔凭鱼跃，天高任鸟飞"。学校还为想要潜心学问及继续深造的学生准备了拥有丰富藏书和学术资源的图书馆；为那些一心钻研科技的学生准备了各种专业的实验室和电脑设备充足的机房；为那些醉心艺术、体育事业的学生准备了足够大的空间和足够多的活动。在这里，你所做的一切努力，只愿最后我们都能成为自己心里的那个人，不会与当初许下的诺言背道而驰。

青龙山麓，
不负相遇

///

"西风几时来，流年暗中换"。每年夏天，都有一批济大人离开校园去找寻那个立于社会的自己，也会有一批济大人重新涌入校园，追求自己的梦想。在这个离别相遇之际，不知道你最想见的又是什么？

是那只宿舍楼下一起抱过、喂过的橘猫；是颓废之际在食堂三楼吃的那份恢复元气的"心灵鸡汤"；是我们一起上过的课，一起跑过的步，一起逛过的美食街；是我们一起度过的每一个假日；抑或是我们心中最不舍的那个Ta。

济大记录着每个"你"。校报的镜头记录着你在辩论赛场上的唇枪舌剑；路灯下斑驳的树影，陪伴着每一个在图书馆奋斗的身影；操场上的我们，也可以坐在草地上赏星看月，畅谈人生的快哉生活……

缘分更是个奇妙的存在，我们的相遇也适逢其会。校园的风沁人心脾，杨柳依旧，你我相约于此，此后同行，这便是最好的青春年华。

报考须知

📜 录取

- 对于按照专业（类）进行投档的省份（自治区、直辖市），其专业（类）按投档志愿安排。
- 对于按照专业（类）组或学校进行投档的省份（自治区、直辖市）（内蒙古除外），其专业（类）安排按"分数优先、遵循志愿"的原则进行，即优先安排投档成绩较高考生的专业（类）志愿，各专业（类）志愿间不设分数级差。在内蒙古实行"招生计划1:1范围内按专业志愿排队录取"的原则。
- 学校在录取和安排专业（类）时，投档成绩相同条件下按照考生高考实考分、相关科目分数的顺序择优安排考生专业（类）。相关科目比较顺序以该生所在省（自治区、直辖市）招生主管部门的规定为准。若该生所在省（自治区、直辖市）招生主管部门未规定位次确定原则，文史类依次按语文、外语、数学单科成绩排序确定位次；理工类依次按数学、外语、语文单科成绩排序确定位次。成绩高者位次在前。

Ⓐ 艺术类

- 美术学、设计学类（视觉传达设计、环境设计、产品设计、服装与服饰设计）使用各省美术类统考专业成绩。
- 音乐学专业在山东省内使用山东省2020年普通高校招生音乐类专业联考（济南大学平台）专业测试成绩，并符合学校各专业方向具体要求。
- 舞蹈学专业在山东省内使用山东省2020年普通高校招生舞蹈类专业联考（山东青年政治学院平台）专业测试成绩，在其他省份使用省统考或联考专业成绩。

Ⓐ 专业要求

- 烹饪与营养教育专业要求考生无从事食品行业所限制的传染性疾病和其他疾病。
- 在山东、上海、浙江、北京、天津、海南的招生专业（类），考生需符合公布的招生专业（类）选考科目要求。
- 在江苏的招生专业（类），考生学业水平测试成绩需达到学校在该省份的招生要求。

济 南 高 校 专 业 推 荐

高校	重点专业 & 新设专业	招办电话
山东大学	**重点专业：** 朝鲜语、信息安全、通信工程、软件工程、集成电路设计与集成系统、临床医学、历史学、生物技术、电气工程及其自动化、药学、光信息科学与技术、英语、机械设计制造及其自动化、材料成型及控制工程、工商管理、金融工程、法学、自动化、护理学、财政学、生态学、口腔医学、土木工程、热能与动力工程、环境工程等	0531-88364787
山东师范大学	**重点专业：** 教育学、生物科学、物理学、汉语言文学、历史学、化学、计算机科学与技术、思想政治教育、音乐学等 **新设专业：** 航空服务艺术与管理	0531-86182201
济南大学	**重点专业：** 机械制造及自动化、应用化学、计算机科学与工程、材料科学与工程、社会工作、应用心理学等	0531-82765900
山东建筑大学	**重点专业：** 建筑学、电气工程与自动化、土木工程、艺术设计、环境设计（环境艺术设计方向）、交通工程等	0531-86367222

speciality recommend

JI NAN

齐鲁工业大学	**重点专业**：轻化工程、材料工程、生物工程、艺术设计、工业设计、自动化、计算机科学与技术等	0531-89631068
山东中医药大学	**重点专业**：中医学、中药学、针灸推拿学、制药工程、康复治疗学、护理学等 **新设专业**：中医骨伤科学	0531-81650251
山东财经大学	**重点专业**：财政学、会计学、国际经济与贸易、信息管理与信息系统、工商管理、经济学、金融学等	0531-88525423
山东体育学院	**重点专业**：民族传统体育、体育教育、特殊教育、舞蹈学、社会体育指导与管理等	0531-89655029
山东艺术学院	**重点专业**：绘画、公共事业管理、艺术设计、视觉传达设计、音乐学、广播电视编导等	0531-86423303

高校
SH⊙WTIME

"网红教室"，五星级至尊体验

　　山东大学中心校区的"网红教室"由信息楼改造而成，改造后的教室设计人性化、多媒体设备智能化、家装具有摩登感，让人不得不感慨：简直比电视剧里的教室还豪华！这里不仅有授课教室，还有单独的走廊休闲区、讨论教室、教师休息室、储物区，甚至连厕所都是国际标准，而且女厕比男厕多。授课教室里，椅子是独立转椅，桌子可自由拼接，黑板是全无损高清1080P的单屏纳米黑板，讲桌是可活动的，这种贴心设计也让师生在交流时处于更平等的状态。教室里还安装了智慧教室控制系统，集教学、考勤、管理、调节、监控等功能于一体。想翘课？那是不可能的！

济南大学：思政课也可以很有趣

　　在济南大学，李朋忠老师的思政课很抢手。课上，他善用排比句和数字分析，偶尔穿插方言和网络流行语，能从武侠小说讲到古文名句、从家国情怀讲到年轻人的择偶观。他反复跟学生讲：你想要的，要和时代、国家、民族绑定起来，否则就不会走太远。上过他的课的学生这样评价道："李老师课上会讲时政大事、历史、中国传统文化。抛却学术上的内容，最重要的是让我们学到了做人的道理，比如老师教育我们想问题看事情要全面、客观、辩证、不极端，说话办事、待人接物千万别让别人对你的人品产生怀疑。"

会推荐眼影口红的美妆大叔，成就无数少女梦

　　在微博、抖音等平台，有位大叔靠美妆火了！这位大叔在山东师范大学附近开了一家平价美妆店，受到了山师女生的追捧。据说，这位大叔能轻松为顾客挑选出最适合的口红、眼影色号，时不时还会送一些赠品给顾客，深谙经营之道。

青岛

最 风 情

QING DAO

一见"琴"岛
"定"终身

◎文/不吃鱼　图/@孙浩铭_Whisper

蔚蓝色的大海，轻柔地包围着这座城市，海水终日拍打着岸边的礁石、堤岸，发出'哗哗'的自带节奏的声响。城市在海的爱抚下，给人一种如梦如幻的感觉，不知是不是上天特别眷顾这个海边城市，为它格外氤氲出一股浪漫气息。

红瓦绿树，碧海蓝天

青岛是一座很美的城市。

即使见多识广如康有为，曾"经三十一国，行六十万里"，在晚年旅居青岛的时候，也忍不住在给家人的信中盛赞，称青岛"碧海青天，不寒不暑；绿树红瓦，可舟可车"，可谓是"中国第一"。梁实秋先生也在《忆青岛》中写道："我虽然足迹不广，但北自辽东，南至百粤，也走过了十几省，窃以为真正令人流连不忍离去的地方应推青岛。"

也很少有城市像青岛这般受新婚夫妻欢迎，他们从各地慕名而来，在八大关牵手踏银杏、在金沙滩追逐戏水、在教堂前彼此轻拥，所有的浪漫被相机定格，成为他们与青岛的专属记忆。

当然，记忆是他们的，可浪漫属于这里的每一个人。依山傍海的青岛，素来有着"东方瑞士"之称。如果你站在信号山顶上，可以俯瞰整个老城区，异国风情的建筑错落有致，红色的屋顶被绿树环绕，像浮在海面上的红色帆船，如果你的视力再好一些，或许可以看到，海鸥正在远处的海面上追逐着真正的帆船。迎面吹来的海风轻轻拍着行人的脸，像是在提醒他们这一切并非梦境。

有人曾说，对大海的初恋始于栈桥，与之遥遥相望的小青岛白塔绿树掩映，北行有德国风情街，徜徉于八大关之间，穿行于中山公园，当教堂钟声回荡，连海水也泛起涟漪和快乐，无处不在的都是浪漫。

理想中最惬意的生活，应当就是流连于小麦岛，在岸边吹吹海风，或是寻一处最市井的书店，喝咖啡，读书。

喝啤酒、吃蛤蜊、洗海澡

除却景致的浪漫，这里的人们也带着一种特有的浪漫气质。随着那句广告词——"好客山东欢迎您"的流传，山东人的热情好客已经深入人心。但如果你要夸奖一个青岛人，说他热情、靠谱、爽快、厚道、不矫情还不够，你还得夸他"能喝"。

啤酒跟青岛的渊源有多深呢？这么说吧，"啤酒"这个词就是青岛人发明的。啤酒的德语发音为"BIER"，一百多年前的青岛人就根据读音翻译成"皮酒"，后来又因为它具有健脾开胃的作用而改称"脾酒"，直到1922年《青岛概要》出版，才第一次出现"啤酒"这种写法。

青岛人爱啤酒，他们专门为啤酒修建了一座博物馆，展示它的历史起源和生产酿造工艺。每年八月的第二个周末，他们还会举办盛大的啤酒节，和来自世界各地的客人们一起狂欢。青岛人对啤酒不仅深情，还很专一，他们只爱喝青岛啤酒，外地人喝个热闹，但他们却能喝出门道，是不是正宗的青啤，出自一厂、二厂、四厂还是五厂，老青岛们一尝便知。

喝啤酒时少不了蛤蜊。在某档综艺节目上，同是青岛人的林永健和黄子韬碰面，老乡见老乡，开口就是三大灵魂拷问——

"吃蛤蜊（青岛话：gǎ lā）了吗？"

"喝（青岛话：hā）啤酒了吗？"

"洗海澡儿了吗？"

青岛的自然环境特别适合贝类生长，海鲜市场里有五花八门的贝类，但青岛人对蛤蜊情有独钟。三两好友就着散啤（用塑料袋装的啤酒），在大排档里点两盘蛤蜊，一盘辣炒一盘清蒸，就能消磨一个夜晚，这是属于青岛人的逍遥。

别以为青岛人只知道吃喝玩乐，生活在拥有新一线城市、中国品牌之都、国家创新中心、中国最具幸福感城市等诸多头衔的青岛，他们也有着不输于人的潜力和抱负。

青岛还拥有我国第二条海底隧道，它连接着青岛老城区和黄岛两地，从前坐两个小时轮渡才能抵达的距离，现在只需要十分钟。有人说这条海底隧道更像是时空隧道，一头是老城区，另一头则连接着现代化城市，短短十分钟，像是穿越到了另外一个时空。

正如青岛人的生活态度，白天努力奋斗，到了晚上则一秒切换悠闲模式，张弛有度，生机勃勃。我猜，这大概就是青岛人没有说出口的生活智慧。

中国海洋大学
Ocean University
of China

海阔凭鱼跃，
天高任鸟飞

◎文/吴梦涵　图/图虫创意

无论是清晨的太阳初升，还是傍晚的夕阳余韵，"海大"的四季始终明媚动人。但总有一些风景是我们触摸不到的，那就是绿茵之上的青春律动，红顶之下闪烁的思想光辉，这一切只待我们慢慢感受。

海大人都是
"海中小娇龙"

///

说起中国海洋大学，许多人总是惊叹："海洋耶！你们是不是每天都要跟大海亲密接触？"而我们会回答："是的，我们今天就要远航。"

以上当然是句玩笑话，但这所坐落于山东青岛的大学，的确有自己的海湾和自己的船，它们都是海大人的骄傲。

海大有3艘教学和科学考察船，分别是"天使1号""东方红2号""东方红3号"，都是极先进的大吨量综合科学考察实习船，供师生科研、教学和实习使用。与我关系较好的一个学长，就有幸在船上观海听涛并进行作业，听他讲起所见所闻，更是羡煞旁人。

事实上，中国海洋大学与大海的渊源不仅在于地理位置，也得益于仁人志士们在学科建设、科研等方面的付出。经过几十代前辈们的努力，学校不负众望建设了数个国家重点学科，包括海洋科学、水产科学两个一级学科，还有10个二级学科，都与海洋息息相关且实力强劲。能"驾驭"海洋的学子自然是智慧与勇气过人，海洋气象、海洋渔业科学与技术、海洋生物资源与环境等领域的知识信手拈来，动手做实验也是不在话下。

校内校外流传着这样一句话："四大洋哪个没去过？拿起划水桨来去海大吧！"这话一点也不假，毕竟我国第一次考察南极时，有近一半的成员都来自中国海洋大学。这样看来，我们学校可谓"弄潮儿"，每个海大人都是"海中小蛟龙"。

海大的四季
始终明媚动人

///

说了这么多关于海洋学科的事情，你是否以为我们学校紧邻大海呢？其实它被几座山包围着，是真正的依山不傍海。不过，即使并不能推开窗就看见大海，但海大仍然受海风"眷顾"，海大人的青春记忆都被飒飒海风吹荡着，飘到想去的任何地方。连这里的一草一木，也因沾染了大海的气息，显得格外生机勃发。

要知道，海大入选了中国十大最美高校。犹记当年九月初入海大的鱼山校区，我便被眼前的风景迷住了，在康庄大道上行走，在小径里徜徉，钟情于初秋的黄叶，流连于颇具异域风格的红顶建筑物。

后来又去过崂山校区晃荡，这里怎一个"大"字了得。第一次从南区宿舍走到教学区，经过行远楼、图书馆、小湖，一路走走停停，一种充实感充溢心间。大概是因为自己终于成为一名海大学子，开启了新生活吧！

在海大，你可以和同学做伴，周末去五四广场、栈桥、极地海洋世界感受当地的风土人情。千万别错过鱼山校区的小山，山顶视野极开阔，四面八方都是美景：向左前看，栈桥就在不远处；正前方的海面常有大型轮船经过；右前方是汇泉湾；左后方是信号山，隐约可以看见历史遗留下来的"德国总督府"；右后方可以看到中山公园和山坡上的建筑群。兴之所至，塞上耳机，伴着一首好妹妹乐队的《风从海面吹过来》，于白云之下俯仰之间，仿佛可以听到海鸟的呼唤。

春天，五子顶西侧公路的樱花大道上，人面桃花相映红，巧笑倩兮醉春风，唯美花海丝毫不逊色于武汉大学；秋天，道路两旁的悬铃木、刺槐、榉树叶子黄遍，每一片都见证了海大的过往；冬季则是银装素裹，让从小没见过雪的我兴奋至极。

无论是清晨的太阳初升，还是傍晚的夕阳余韵，"海大"的四季始终明媚动人。但总有一些风景是我们触摸不到的，那就是绿茵之上的青春律动，红顶之下闪烁的思想光辉，这一切只待我们慢慢感受。🔴

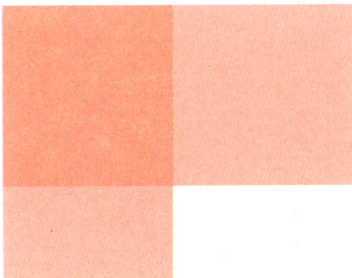

报考
须知

加分政策

- 认可各省（自治区、直辖市）招生管理部门在教育部规定的项目范围内出台的有关全国性增加分数投档的政策和规定，同一考生如符合多项增加分数投档条件，只能取其中幅度最大的一项分值，且不得超过20分。
- 在专业录取时以考生投档分（含政策性加分）进行专业安排。所有高考加分项目及分值不适用于不安排分省分专业招生计划的招生项目。

外语语种要求

- 对参与普通类录取的考生外语语种不做限制，建议语种为英语、日语、法语、德语以外的考生谨慎报考。对特殊类型招生考生的语种要求按照有关政策执行。

录取

- 对本科普通批次进档考生，按照"专业志愿清"方式进行专业录取，各专业志愿间不设分数级差，即对思想政治品德考核合格、身体健康状况符合要求的考生按"专业志愿优先"的原则安排专业，同一专业志愿内按分数从高到低的顺序依次安排专业，无法满足专业志愿又不服从专业调剂者，作退档处理。强基计划、山东省综合评价招生和高校专项计划考生的专业安排按照"分数优先"原则进行。
- 对于未完成计划的省（自治区、直辖市），学校将按照省级招生考试机构的统一安排征集志愿。征集或调剂志愿的进档考生只能安排到录取未满额的专业。如征集志愿仍不能完成计划，则将剩余计划调配至生源充足的省份。
- 考生高考总成绩相同时的专业录取排序规则：理工类依次按数学、综合科目成绩高低排序，文史类依次按照语文、综合科目成绩高低排序；综合改革类依次按数学、语文、外语成绩排序；外语类专业优先录取外语成绩高的考生；对于提供位次排序的省份，遵照考生所在省级招办提供的排序分进行专业录取。

拔尖创新人才培养

- 学校开设崇本学院，设立"ACCA（国际注册会计师）课程班""CFA（注册金融分析师）实验班"等拔尖创新人才培养基地，从当年新生中选拔学生，和国内外著名教育科研机构联合进行拔尖创新人才培养。

青岛大学
Qingdao University

在"风水宝地"
共度四年时光

◎文/荔枝冰　图/图虫创意　青岛大学官方微博

"有人说'青大是什么模样，青春就是什么模样'，作为青大学子的我们，一定拥有最美的青春。"

依山傍海的
好"风水"

用我从各种小说、影视作品里"学习"来的风水学知识推断，青大这个地方一定是块风水宝地。不信你看，青大矗立于"黄海之滨，浮山脚下"，依山傍水，有着"青岛东部花园"的美名，我都能想象出戴着小圆墨镜的风水先生，捻着自己长长的胡须感叹"好地方啊好地方"的场面。

抛开无厘头的想象，青大的确是个好地方。中心校区背靠着的浮山，位于青岛市区，连接着市南、市北、崂山三区。浮山虽不高，但大雨将至时会翻腾起浓重的海雾，青岛有一句老话"浮山戴帽，下雨一瓢"，形容的正是这个壮观的景象。这时候，我们就得赶紧把晒在外面的衣服被子收回宿舍啦，亲测，这比天气预报靠谱多了。

对于我这个在内陆城市长大的孩子来说，在海边城市读书一直是从小到大的心愿。来到青大之后，我想象中的一切都成为现实。

青大校区离海边很近，没课的时候，随时都可以和朋友一起去海边，沿着长长的滨海大道散步闲聊。傍晚的时候，海风徐徐拂过脸颊，听着海水翻涌的声音，浪漫得像是偶像剧里的场景。不过，想看海也不一定要跑到校外，很多宿舍和自习室一推开窗就能看到海，我们偶尔会开玩笑说："在青大，天天都能住海景房"。

因为绝佳的地理位置，即使到了夏天，这里也不会有汗流浃背的燥热。每年六月，当朋友圈的小伙伴们纷纷晒出三四十度的天气预报，对酷暑怨声载道时，我们通常会投去同情的点赞，然后顺手秀一把优越："不好意思啊，我们这里只有二十多度"。

不过，生活在海边最大的困扰就是——风超级大。除了夏天稍微消停点之外，其他季节你总能感受到360度无死角的大风。尤其是冬天，不管发型出门前如何精心打理，出门不到三秒就化身"梅超风"。来这里之后，我还连续被吹翻过三把伞，怪不得有人说，青岛的风是检验伞骨结实程度的唯一标准。

来水上餐厅
一起吃饭啊

除了中心校区，其他校区的风景也丝毫没让人失望。

东校区坐落于石老人国家旅游度假区，风景绝佳，学校里有一个极大的湖泊——剑湖。剑湖是水鸟们的乐园，成群结队的野鸭在这里生活，运气好的话，你还能看到天鹅和大雁。清晨时分，总会有不少学生来剑湖边晨读，琅琅书声和着野鸭拍打翅膀的声音，别有一番野趣。

这里还有一座水上餐厅，造型远远看上去像一艘大船，夏天在这里边享用午餐边欣赏窗外波光粼粼的湖面，很是惬意。到了冬天，食堂会开放暖气，你要做的只是大快朵颐，喂饱咕咕叫的肚皮。

青大的食堂可不只有水上餐厅一处，

滢园、仁园、浏园、风味、名人餐厅还有国际餐厅……食堂的师傅们花尽心思，用五花八门的美食"投喂"我们。在这里既能吃到菠萝饭、煲仔饭、重庆小面、麻辣香锅，还有水煮鱼、石锅拌饭、瓦香鸡等着被你"翻牌子"。而且，校园里还有24小时营业的便利店，丝毫不用担心会"饿着肚子到天明"。在这里，我的恩格尔系数获得了大幅提升，不得不把健身计划提上日程。

我们的字典里
没有"无聊"二字

///

青大是一所很自由的学校，晚上不断电不断网，没有早读课和晚自习。但这并不意味着我们会因此而失去自制力，相反，我们有更多时间自主安排学习和娱乐，把大学生活过成自己想要的样子。

这里有很多刻苦学习的同学，你随时都能在自习室、图书馆看到埋头看书做题的身影，"宿舍集体保研"已经算不得什么新闻了。

除了好学，学生的课余生活更是丰富多彩。

每年新生入校，都会遭遇"百团大战"，各种社团看得人眼花缭乱，不知道该选哪个好。如果你喜欢体育运动，这里有跆拳道协会、轮滑社、格斗社；如果你喜欢文化艺术，这里有汉服社、民俗学社、茶艺社和魔术社；如果你想做公益，这里有动物保护协会、青年志愿者协会以及环境保护协会……总之，只要你有兴趣爱好，都能在这里找到志同道合的小伙伴。

学校的活动也不少，我们的体育馆举办过CBA比赛，如果你是体育爱好者，能在这里见到不少体育明星。岳云鹏也来这里办过相声专场。学校里的剧院，会举办各种晚会、音乐会，还会有国外的乐队来这里巡演。最重要的是，作为青大学生，我们还能享受免费赠票的福利。

在这里生活，我们从来不会感到无聊，只担心日子过得太快，怕自己还没来得及尝遍这里的每一道美食，走遍这里的每一条小径，就要跟校园说再见了。🌸

报考须知

📜 录取

- 高考改革的省份（自治区、直辖市），录取原则根据高考改革省份（自治区、直辖市）相关政策执行，考生所填报的专业（类）志愿须满足该专业（类）选考科目要求。非高考改革省份，高考投档成绩达到青岛大学同批次录取控制分数线的考生，学校按分数优先原则录取，即按高考投档成绩从高分到低分的顺序满足考生的专业志愿。

- 当考生高考投档成绩无法满足所填报的专业志愿时，如果考生服从专业调剂，学校根据高考投档成绩并适当参考考生单科成绩，调剂到招生计划尚未完成的专业，直至录满；对于不服从专业调剂的，作退档处理。

- 江苏省学业水平测试必测科目成绩要求为"5合格"，选测科目成绩要求为2B及以上，同一专业志愿内考生专业排序规则为"先分数后等级"。

👥 特殊类录取规则

- 艺术类专业录取按照《青岛大学2020年艺术类专业招生简章》公布的相关规定执行。

- 体育教育专业录取学校执行山东省招生主管部门制定的体育类相关专业的录取政策，在投档范围内，按照考生综合成绩择优录取。若综合成绩相同，参考专业成绩择优录取。

- 综合评价招生录取按照《青岛大学2020年本科综合评价招生简章》公布的相关规定执行。

- 高水平运动员录取按照教育部有关文件及《青岛大学2020年高水平运动员招生简章》公布的相关规定执行。

青 岛 高 校 专 业 推 荐

高校	重点专业 & 新设专业	招办电话
中国海洋大学	**重点专业：**法学、港口航道与海岸工程、海洋技术、海洋科学、海洋资源开发技术、化学、环境工程、会计学、生物科学、食品科学与工程、水产养殖学、药学等	0532-66782426
中国石油大学（华东）	**重点专业：**化学工程与工艺、机械设计制造及其自动化、资源勘查工程、安全工程、过程装备与控制工程、环保设备工程、勘查技术与工程、热能与动力工程、石油工程、应用化学、应用物理学、油气储运工程、自动化等	0532-86983086
山东科技大学	**重点专业：**安全工程、采矿工程、测绘工程、电子信息工程、计算机科学与技术、土木工程、自动化等	0532-86057077

speciality recommend

青岛大学	**重点专业：**眼科学、朝鲜语、纺织工程、汉语言文学、机械工程及自动化、临床医学、应用物理学、自动化等	0532-83780001~0009
青岛科技大学	**重点专业：**高分子材料与工程、过程装备与控制工程、化学工程与工艺、机械工程及自动化、应用化学等	0532-86085777
青岛理工大学	**重点专业：**给水排水工程、机械设计制造及其自动化、建筑学、土木工程等	0532-85071039
青岛农业大学	**重点专业：**动物科学、食品科学与工程、园艺、植物保护等 **新设专业：**马业科学	0532-86080517

高校
SH〇WTIME

中国海洋大学举行校友集体婚礼

2019年4月6日，66对新人相约前往中国海洋大学，在母校举行了一场盛大的校友集体婚礼。在这个重要的日子里，他们身着婚纱礼服，并肩在学校图书馆前组成"OUC"（中国海洋大学英文缩写）和"95"的字样，共同庆祝中国海洋大学95周年华诞。

青岛大学食堂现"奇葩水果菜"

苹果番茄熘肉片、菠萝炒土豆、香橙炒肉、哈密瓜炒苹果配蜜枣、妙脆角炒芹菜，这些光听名字就令人生畏的菜式，都是青岛大学食堂师傅们的创意。

虽然听起来很像黑暗料理，但据有幸品尝过的同学证实，其实有些菜味道还不错。

青岛科技大学学生见义勇为

2018年11月12日，青岛科技大学机电学院学生王跃熙在学校附近听见有人呼救，走近后发现是一位正在井下作业的工人突然因中毒昏迷不醒，他的工友正在呼喊求助。王跃熙立即下井救人，在随后赶来的民警的帮助下，成功将工人武师傅救出地下井。王同学见义勇为的事迹被中央电视台等媒体纷纷报道。

青岛理工大学进考场靠"刷脸"

2018年12月举行的研究生招生考试中，青岛理工大学启用了学校自主研发的人脸识别系统，每位考生入场时只需面向扫描仪"刷脸"，即可一秒完成身份识别。这不仅有效杜绝了替考等作弊行为，还大大提高了考生入场的效率。

南昌

最 血 性

NAN CHANG

红色，
城市信仰

◎文/KIKI 图/图虫创意

南昌，一个被唐代大诗人王勃誉为'物华天宝，人杰地灵'的历史文化名城，又因'八一南昌起义'而成为名副其实的英雄之城。这里的一个个红色城市地标，形成了独一无二的城市记忆，闪耀着与众不同的城市光芒，彰显出英雄城市的气质。

值得自豪的英雄城

为什么说南昌是一座红色城市？因为"武装反抗国民党反动派的第一枪"在这里打响，历史课本里的周恩来、朱德、贺龙、叶挺等革命先辈在这里集结起义，就连城市的别称，都是"英雄城"。可以说，红色基因实实在在渗入了这座城市的血液。

城市里红色资源丰富，八一广场上屹立着的群英雕塑和高耸的纪念碑，在无声昭示南昌的丰功伟绩。南昌起义纪念塔高耸入云，让人心生敬畏，塔身有"宣布起义""攻打敌营""欢呼胜利"三幅大型花岗石浮雕，重现了当年枪林弹雨的场景，也让后人铭记历史。

直至今日，南昌还致力于传承革命红色传统，组织开展国际军乐节、唱红歌等活动，并围绕重大节日举办系列主题纪念活动，让整座城市都充满正义的色彩。

才子与这片土地交融

它不仅是一座处处升腾着英雄气概的"英雄城"，也是王勃笔下的"豫章故郡，洪都新府""物华天宝，人杰地灵"之地。

"挽西山，望梅岭，赣江穿城而过，便来到南昌。"这座有2200多年历史的古城，是赣文明最早的发源地。相传，黄帝的乐臣洪崖来南昌西山掘井修炼，创制音律，洪崖井一时成为人们争往的胜地，南昌也得名"洪州"。

南昌作为赣文化中心，千百年来，才子们与这片土地交融，创作出诸多传世名作，成就了两宋以来光辉灿烂的江西文化。像"徐孺下陈蕃之榻"的南州高士徐孺子，"梦枕洪都创江西诗派"的北宋诗人黄庭坚，"昆曲鼻祖"明代戏曲家魏良辅，"八大山人"明末清初画家朱耷等，都是南昌出品的才俊代表。

提起南昌，不得不说的还有课本里的"滕王阁"。滕王阁气魄宏大，登楼可观"落霞与孤鹜齐飞，秋水共长天一色"的美景，运气好的话，还可能遇到背诵全文免票参观的活动。

一江两岸交错千年

古色古香的"江南三大名楼"之一的滕王阁在赣江东岸驻足，岸的另一边，就是代表现代新南昌的红谷滩新区。

红谷滩是南昌的中央商务区，高楼林立，进驻有银行、保险、证券等金融机构，可以说，这里代表着这座城市的现代最前沿。

到了夜晚，因着江边旋转的摩天轮，你会发现整座城市都变得动感起来。

"南昌之星"位于赣江之滨，它曾是世界第一大的摩天轮。登上"南昌之星"，你可以"瞭望曼哈顿式的现代摩天建筑群，感受江西母亲河赣江的婀娜，俯瞰南昌一江两岸的岁月变迁"。每当夜幕降临，摩天轮又会变身为全球最大的电子钟，时光在夜色中流转。

有人说，现代的南昌比不得曾经的辉煌，甚至显得有些落寞。但是这座"英雄城"正在加足马力，慢慢变好。2019年，南昌入围了"新二线城市"，它正昂首向未来走去。

南昌大学
Nanchang
University

前进的路上
会有你同行吗?

◎文/石宇、木木 图/南昌大学官方微博

"南昌大学有实力，但太低调。如果不主动走近它，稍不留神，你就会错过一份惊喜。"

可能受地理位置影响，南昌大学在一众重点大学里存在感不强，不少高中生在择校时压根没想到还有这样一所实力强劲的名校可以选。事实上，南昌大学是江西省唯一一所入选"双一流"的大学，实力不俗。它的前身是1940年创建的"国立中正大学"，目前有前湖、青山湖、东湖、鄱阳湖4个校区。现在，就让我们走进南昌大学。

云览校园
穿过亚洲第一大门，
开启我们的故事

■ Step1 一号门

南昌大学的正校门全长 323 米，被称为"亚洲第一大门"，是前湖校区的标志性景点。半圆形的正校门，与辽阔秀丽的前湖、大门边的龙腾湖遥相呼应，仿若万顷碧波中一叶扬着白帆的红船。门前的和平女神像静静地伫立在那里，鼓舞着每一位学子奋发。春去秋来，寒来暑往，众多学子在这座宏伟校门的见证下，为自己人生中最美好的年华绘上了圆满的句号。

■ Step2 校训墙

走进校门继续向前，首先到达的地方便是校训墙："格物致新，厚德载物"，它如同一盏明灯，照亮我们的未来。倘若运气好，你会看到校训墙前方的一个喷泉，那着实是一道靓丽美景。值得一提的是，墙后的小山坡林木葱郁，好似一块面纱，遮掩着校园迷人的"美貌"。看到如此美景，你会情不自禁按下手中相机的快门，定格自然之美。

■ Step3 图书馆

沿着校训墙向左漫步，便来到图书馆。在这栋足足有二十层楼高的建筑里，蕴藏着无尽"宝藏"，有关天文地理、哲学历史书籍和学术期刊，应有尽有。电子阅览室对学生免费开放，学生可阅览来自世界各地的学术论文。在浓厚的书香氛围里，你总会寻得静谧时光。

有人将图书馆比作一所学校的"大脑"，学校的图书馆确实可担此重任。若是游走其间，仔细探索，你总会不经意间发现惊喜。这里甚至有不少市面上罕见的典藏书籍。

■ Step4 九食堂

离开图书馆一路向前，便抵达九食堂。如果说图书馆是一所学校的大脑，那么食堂便是"胃"。说起学校的食堂，仅前湖主校区便有十个，九食堂是其中代表。食堂里饭菜丰富可口，价格实惠，套餐小菜、中餐西餐一应俱全。座椅整齐干净，大厅明亮宽敞，"高大上"是这里的代名词。楼上还有一家音乐餐厅，是九食堂的另一番天地。

■ Step5 主教

出食堂后，沿大路直走，就来到主教学楼。宽敞明亮的教室是老师们传道授业的天堂，也是我们自习的好去处，走廊圆桌是我们探讨问题的"根据地"。

这里每一处角落，都留下了南昌大学学子奋斗的身影。清晨，主教楼下的花园便成了"英语角"，一群志同道合的学生在练习英语口语。为了逐梦，不少学生常会一大早就来到主教，考研教室有时更是通宵亮灯。

■ Step6 润溪湖

环绕在主教周围的一片湖泊，叫润溪湖。

清晨，在湖畔的柳树下或是亭子旁，总会有三三两两的学子们捧书阅读。一边享受夹杂芳草气息的清新空气，一边背书，不失为人生一大乐事。

烦恼疲惫时，不妨戴上耳机，漫步于润溪湖畔，随着多日积累的疲倦消散，心胸也豁然开朗。碧波荡漾的湖水使浮躁的心气渐渐沉静，整个校园因有润溪湖而多了几分柔情。

■ Step7 商业街

越过湖上的桥，然后左转，便来到商业街，这里算得上学校最繁华的地段。沿街商铺包罗万象，文具店、体育用品店、生活用品店、超市等一应俱全。

让人最难忘的是商业街的小吃，南昌米粉、正宗肉夹馍、炸年糕……步入街口，香喷喷的味道让人甘愿忍受排队的煎熬。这条街的二楼商铺，还有隐秘的咖啡馆，别有情调。

■ Step8 休闲广场

在商业街中路口右转，便来到休闲广场，这里是各大社团举办活动的场所。每年入学之际，会举行"百团大战"。各社团争先纳新，漫画社与汉服社会吸引更多同学驻足，同学们 Cosplay 成各种虚拟人物，尽显青春活力。与此同时，新同学也会积极报名，为充实自己的大学生活做准备。这里还会定期举行书画展览和校园歌舞赛，为多才多艺的同学们搭建了展示的舞台，只要你有才艺，舞台便属于你。

■ Step9 操场

回到商业街，在下个路口右转，便来到主体育场。

夜幕降临时，总有许多小伙伴为达成学校的阳光长跑任务，约上同学一起锻炼，享受跑步的快乐。在运动中洒下汗水，收获的不仅仅是手机软件上步数的增长，更是一种健康的生活方式。每年由各学院承办的校运会开幕式也在这里举行，届时，这里便成了欢乐的海洋。

趣味课堂 ///
为大学生活绘上色彩

尽管南昌大学作为江西"211"的独苗，背负着不小的压力，但这种压力并不强行捆绑学生，刻意营造一种"端正"的严肃氛围。相反，学校在课程设置上相当有趣，老师们试图通过对学习内容的趣味讲解，给学生带来更多体悟。

学校里有趣的课程很多，比如数学系的攀岩课，能让你暂时告别微积分、概率论等枯燥的概念，走出教室，感受一次

"峭壁上的艺术体操"；食品学院的食品工艺学实验也诚意满满，在课上，老师会带你制作蛋糕、月饼、葡萄酒，光明正大在课上吃零食；艺术与设计学院的茶艺课，教你如何优雅地"端坐、举杯、沏茶"，据说上了这门课的人，经过一学期的修身养性，整个人气质都变好了……还有的科学饮酒与酒文化这门课，在学生中热度颇高，课上，潘老师不仅讲酒文化，还会教你如何酿造和品鉴酒，大大满足了学生的好奇心和求知欲。

这些趣味课程，一定程度上也体现出南昌大学的宽厚性格。正如校训所说："格物致新，厚德泽人。"学校以包容的态度，带领师生走在追求真理的路上。

希望这一路，能有你同行。

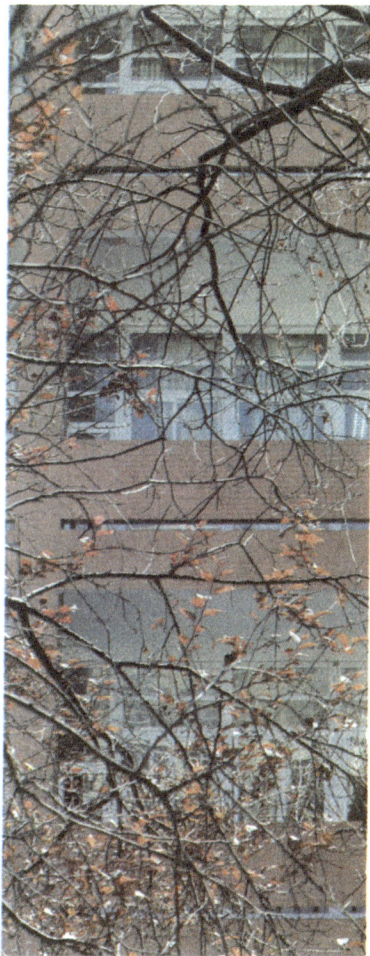

报考须知

录取

- 文史、理工类专业录取根据考生进档的先后顺序按"分数优先，遵循专业志愿"原则择优进行。对无法满足专业志愿的考生，如服从专业调剂的，则由学校调剂到未录满的专业；对不服从专业调剂的考生，作退档处理。
- 江苏省文理类本科专业选测科目等级要求为BB，必测科目等级要求为合格，进档后的排序办法为"先分数后等级"。
- 在内蒙古自治区实行"专业志愿清"的录取规则。
- 浙江省、上海市、北京市、天津市、山东省和海南省实行高考改革，录取工作按照该省（市）相应文件规定执行，同时将考生的综合素质评价信息作为录取的参考依据。按照院校专业组模式投档的省份，在考生所投档的专业组内，按照"分数优先、遵循专业志愿"的原则择优录取。

外语语种要求

- 根据实际情况，学校原则上只招收英语语种考生，学生入学后，除外语类小语种专业外，其他专业以英语为第一外语组织教学。
- 外语类专业及会计学专业（国际会计师方向）考生的英语单科成绩和口试成绩原则上要求良好以上。

江西财经大学
Jiangxi University Of Finance and Economics

一坛贮存地灵人杰的
宝藏 "酱菜"

◎文/Muller　受访者/曹同学　图/图虫创意　江西财经大学官方微博

如果你向往财经行业，期待成为素质全面、知识过硬、意志笃定的人才，江西财经大学必定是一个值得你认真考虑的选项。在这里，只要你有想法，各种机会的大门都会为你敞开。

拥有历史积淀，
也不乏过硬实力

///

每当人们讨论起江西的高校时，江西财经大学总能成为热议的话题。

滕王阁文化，源自江财独特的历史地理渊源。江财和滕王阁都位于江西省，这是一个历史积淀丰厚的省份，正所谓"物华天宝，人杰地灵"，无论是古代文人墨客留下的精彩诗文，还是近代革命时期烈士的丰功伟绩，都塑造了整个省份独特的人文历史气质。坐落在江西省省会南昌市的江财，也一直被这样的气质所感化和影响。这种近距离面对历史的通透感，是许多高校难以比肩的。每一个在这里生活过的学生，大概都感叹过校园的别样风景，或许也曾想到多年以前，前人如何在这里意气风发、挥洒热血、披荆斩棘，然后从中汲取养分与力量。每次在校园中徜徉时，我总会觉得，比起前人的经历，自己眼前这些困难又算什么呢？

如果空有历史条件，却缺少必要的硬实力，一所学校也不会具有多大的吸引力。我们学校拥有六个国家级特色专业，包括了金融学、会计学、财政学和法学等等。除此之外，信息管理与信息系统、运筹学、审计学等也在特色专业或国家级精品课程之列。同时，江财还通过了中国高质量MBA教育认证，入选了江西省一流学科建设高校，拥有二十余个学院，专业体系较为齐全。在这样的环境中，来自全国各地且不同专业的同学们在一起讨论，碰撞不同的观点，取长补短，让我们不局限于自己的一方天地，而是积极拓宽视野，更贴合多样化的社会需求。

出国or就业？
你说了算

///

作为有财政部参与共建的学校，江财学子，尤其是财经类专业的毕业生们，一直受到来自社会、企业的高度认可和欢迎。很难说清，江财作为一所过去被人们称为"双非"的高校，如何能够获得这样的成就，但多年来形成的校园文化一定具有举足轻重的作用。对于大学而言，校园文化的重要性在于，能够潜移默化地在学生心中形成鼓励作用。而校园文化之于江财，可以归纳为"滕王阁文化""校友文化"和"创业文化"，整个学校萦绕着一种"学生勇于创业，校友互帮互助"的正面氛围。

不是每个人都适合
学财经

///

　　我刚上大学时，有一位教授在课堂上说过："好奇心才会将你带到终点，趋之若鹜往往只会失望而返。"虽然现在人人都想读财经类专业，不少学生填写高考志愿时，财经类都是首选专业之一。但其实并不是每一个学生都适合，就读热门的财经类专业。

　　从字面意义上看，财经是一门和金钱相关，和数字相关的学科。往深了说，财经学科要探究这些表面上的数字，是如何深刻地影响着每个人的生活、影响着社会发展、影响着世界格局的。诚然，努力习得过硬的专业知识也能让你获得一定成绩，但真正让你坚持下去并且走得更远的，恰恰是那位教授所说的好奇心。如果你是一个对数字、对日常生活中纷繁复杂的经济现象有兴趣且想一探究竟的人，那财经类专业、财经类大学，可能才是适合你的未来方向之一。

　　"大学之道，在明明德。"每一个刚刚离开中学校园、面对选择大学关口的学子，大概都会有些困惑和纠结。除了学术实力、就业情况等现实因素，在这里的四年时间会学到什么，会成为什么样的人，其实也相当重要。如果你向往财经行业，期待成为素质全面、知识过硬、意志笃定的专业人才，江西财经大学，必定是一个值得认真考虑的选项。完

加分

- 学校认可各省（区、市）教育主管部门给予考生的政策性加分。对加分或降分投档的考生，按加分或降分后同等条件对待。

Ⓐ 录取要求

- 学校按"分数优先、遵循志愿"的原则录取和确定专业，不设置专业分数级差。
- 江苏省普通类考生进档后专业安排按"先分数后等级"，选测科目等级要求为2B。
- 内蒙古自治区的考生进档后按"专业志愿清"的原则录取。
- 北京市、天津市、上海市、海南省的考生进档后以投档成绩为依据，符合学校录取要求的考生，按"分数优先、遵循志愿"原则安排专业。
- 山东省、浙江省的考生进档后以投档成绩为依据，符合学校录取要求的考生，按有关规定办理录取手续。

Ⓐ 外语语种要求

- 学校本科学生的外语课程主要使用英语教材和英语教学，非英语语种的考生填报志愿时应审慎报考。
- 会计学（ACCA方向）、会计学（CIMA方向）、会计学（国际会计）、金融学（CFA方向）、金融学（FRM方向）、金融学（国际投资与金融）、国际经济与贸易（CITF方向）、法学（国际经济法）等专业，在山西、吉林、黑龙江、安徽、江西、河南、四川、贵州、云南、陕西、甘肃、青海等省份录取中，要求英语成绩110分（含）以上。

南昌高校专业推荐

高校	重点专业 & 新设专业	招办电话
南昌大学	**重点专业：** 材料成型及控制工程、通信工程、医学影像学、汉语言文学、生物科学、计算机科学与技术、软件工程、食品科学与工程、工商管理等 **新设专业：** 网络空间安全、临床医学	0791-88305092
江西财经大学	**重点专业：** 金融学、市场营销、信息管理与信息系统、会计学、财政学、法学等	0791-83816635
江西师范大学	**重点专业：** 汉语言文学、思想政治教育、公共事业管理、化学、应用化学、英语、旅游管理、数学与应用数学等	0791-88120152
江西农业大学	**重点专业：** 动物科学、农学、林学、农业经济管理、生物工程等	0791-83813214

speciality recommend

华东交通大学	**重点专业：** 电气工程及其自动化、土木工程、给水排水工程、自动化等	0791-87046576
南昌航空大学	**重点专业：** 金属材料工程、测控技术与仪器、电子信息工程、材料成型及控制工程、软件工程、飞行器制造工程等 **新设专业：** 航空服务艺术与管理	0791-83863927
江西中医药大学	**重点专业：** 针灸推拿学、中药学、药学等 **新设专业：** 中医骨伤科学	0791-87119528
东华理工大学	**重点专业：** 资源勘查工程、勘查技术与工程、水文与水资源工程、核工艺与核技术、测绘工程等 **新设专业：** 网络空间安全、旅游地学与规划工程	0791-83898005

高校
SHOWTIME

超好玩！江西高校社团指南

江西理工大学机器人协会：这个社团玩的就是"高精尖"机器人，成员目前已经在亚太大学生机器人大赛、中国机器人大赛等赛事上获奖 40 余项，早在2006 年，就被教育部授予了"第二届全国高校优秀学生社团"称号。

南昌大学记忆协会：如同它的口号一般，"忘记你，我做不到"，从 2011 年成立以来这个社团就持续受到关注。该社团常常举办一些听起来不可思议的活动，如背整个班级同学的通讯录、背圆周率……大学英语四六级考试前还有个特定活动——背诵英文单词比赛。如果你也拥有"最强大脑"，就来加入吧！

江西科技师范大学国学社：这个社团以国学经典为主、现代文学为辅，在学校的"论语学堂"开展经典诵读活动。除此之外，热爱国学的同学，在南昌大学的楹联诗词协会、茗雅社等社团，也能收获一群志同道合的小伙伴。

思政课老师"课间电台"开通点歌服务

在江西理工大学，思政课老师黄建都给学生开通了"课间电台"，学生给老师发送短信即可完成点歌。黄建都是马克思主义学院的一名哲学博士、讲师，据他说，"我在工作之余喜欢听音乐，课间点歌既是为了拉近与学生的距离，也是为了在繁忙的工作中放松自己"。黄老师的"课间电台"很火爆，每节课之前要早早发短信过去"预定歌曲"，要是下手慢了，只能等到下节课了。

教你用小篆在竹简上誊抄《孝经》

江西师范大学汉语言文学专业的期中作业在网络走红了！因为这份作业实在太特别了，是用小篆在竹简上誊抄《孝经》。布置这份作业的李老师表示：之所以让同学们在竹简上誊抄《孝经》，一方面小篆是汉代的一种书写字体，书于竹帛，可以更好地感受小篆文化；另一方面，在竹简上抄写也能让同学们学会平心静气，体验古人的生活与心灵世界，实现一次古今穿越。

杭州

最 创 新

HANG ZHOU

云生活
图鉴

◎文/李鹏龙　图/图虫创意

杭州自古便是一个让天下文人向往的地方。
千年的京杭大运河始终静静地流淌着，钱塘江潮起潮落，看人来人往。西湖四季景观变换，西溪湿地清幽而宁静。《宋城千古情》一曲让人恍若穿越时空，灵隐寺又给人以佛寺的安宁。杭州千年的繁华，汇成一句'东南形胜，三吴都会，钱塘自古繁华'。
千年后的杭州，在新时代也不甘落后，她包容、接纳并主动探索着新的变化与道路。

扫码就能走天下

在早晚出行时的高峰期挤公交是怎样一种体验呢？

一般来说是这样——"后门上车的乘客请到前门刷卡。""帮忙递一下，刷一下卡。"

可你若在杭州，那多半是这样——"你手机锁屏了，刷不了。""我的密码是%￥￥*#……"

自从2017年，杭州成为首个可以扫支付宝坐公交的城市以来，我们出门时检查必备物品的顺口溜也发生了变化。以前是"伸（身份证）手（手机）要（钥匙）钱（钱包）"，现在"伸要钱"都被"断舍离"了，只剩下了"手"。

只要手机在手，就能出行无忧。坐公交，扫支付宝；吃饭，扫支付宝；烧香拜佛，照样扫支付宝……出门还带现金？看起来似乎是不需要了。这就是我国第一座"无现金城市"杭州的日常生活图景。

不仅如此，2017年，杭州萧山国际机场就与阿里巴巴、蚂蚁金服签订了战略合作协议，将杭州萧山国际机场升级为全球首个"无现金机场"。从此以后，从家门到舱门的距离，只是一张身份证"+"一个手机。

互联网编织的一座城

互联网金融在杭州这片沃土上热烈生长，互联网也给这个城市的发展加足了马力。

引领"无现金城市"建设的支付宝总部就在杭州，哪天你如果来到杭州，别忘了去阿里巴巴周围看看，打个卡哦。

在阿里巴巴旁边，大约200米距离的地方，是阿里巴巴最大的邻居：网易杭州分公司，网易云音乐的"家"就在这里了。还记得网易云音乐将经典评论集合制作成的一本书吗？对于普通用户来说，精华在书中；但对于杭州人民来说，再精美的书也比不上网易云专列，大红色的车厢里印着的白色评论，读来句句戳人心，这简直就是行走的惊喜。

除了阿里巴巴、网易、华为等企业，在杭州，还有大大小小数不清的互联网企业如雨后春笋般生长着。

"剁手族"爱逛的蘑菇街、设计师常去的花瓣网、医者聚集的丁香园，还有各式各样的娱乐、理财App应用软件，几乎囊括了生活的方方面面。

2019年，首届全球工业互联网大会在浙江省召开之后，智能制造、物联网、核心基础科技产品及应用等关键词指引着新的方向，杭州的互联网发展也按下了加速键。

杭州，一个从烟雨朦胧的水乡走出来的具有现代化气质的女子，正搭乘科技的列车，走在时代的前沿。走进杭州的那一刻，大约就是离互联网前沿最近的一刻。

浙江大学
Zhejiang University

心中有火，眼里有光，
恣意策马扬帆

◎文/薄荷　图/@青古

"我曾经幻想过一所大学可以有多浪漫或有多自由，而你告诉我，可以把浪漫、自由与其他的一切美好都归于这里。"

在漫天花海里
寻找属于我的那颗星星

///

浙大的校园里，花是永远不会缺少的要素。

云峰的小径上布满春天的早樱，猫咪灵巧的脚步惊扰了一地花瓣，枝丫在风中轻轻颤抖，带着春天特有的敏感。丹青的园圃里是啼血的杜鹃，映衬着让少女的衣裙也艳丽了起来。南花园的水面上是浴水芙蓉，在夏日独占一园的清凉。教学楼旁是和秋风一起来的桂花香气，星星点点地点缀了秋天。而至冬日，梅花和雪花一起成为校园双骄。

"去年元夜时，花市灯如昼。月上柳梢头，人约黄昏后。"花灯月下尚有爱情的美好萌芽，更不用说在花海之中，情侣许下长长久久的承诺，这也成了浙大的一道靓丽风景线。

浙大每学期都会举办的"三行情书"活动，抒写着同学们的浪漫情怀；特色社团"红豆社"，定期举办一周CP活动——真心爱人或是真挚朋友，一样值得珍惜；亲密关系的处理、家庭心理学等课程以及心理辅导团建都是针对学生的情感问题开设的特色课程；还有一年一度的"缘定浙大"校友集体婚礼，也是校园浪漫故事的证明。

在这里，各种情感都有着浙大独有的标签。不论是开学典礼上校领导"因为爱，所以我付出；又因为付出，所以我更爱"的责任感；还是浙大学生为了"网红楼长猫"生病而举行募捐送它去做手术的温暖；抑或是每年参军学生表彰仪式上令人泪目的家国之爱，都是不一样的情怀。

每一条路，
都通向未来的梦想

///

你想成为什么样的人？

这个问题我们从小就被不停追问。然而在巨大的高考压力下，这个问题不知不觉变成了"你想要去哪个大学"，我们在心中构筑的那个自我形象慢慢变得模糊，被禁锢在了时间表和成绩之中。

浙大致力于让学生重新找到自己。在浙大，不论你做什么，只要你认定这是你未来的方向，并且愿意付出足够的努力，没人会质疑你做的事情，学校会给予你充分的理解和支持。

浙大的特色课程和社团非常多，给了每一位学生发展的空间。浙大紫金港校区被称为"三墩职业技术学院"，的确，浙大有许多有意思的"网红课"，与未来的职业选择息息相关。工程训练课上，同学们自己做金工作品作为礼物送给珍爱之人；动物产品加工实验课上，同学们动手做奶酪火腿等美食，并且可以打包带走。社团方面，电竞社、粤语社等"小众"社团也一样蓬勃发展着，开展的许多活动得到大量好评。

每个浙大学子在这里成长为自己梦想中的模样，学校给予的支持恰到好处。想做学问，有课堂与图书馆；想动手实践，有实验室和车间。不论是传统行业或者新兴产业，学校一视同仁地鼓励我们去尝试，去追梦。

在这里，我感到自己不再是社会中微不足道的"nobody"，我是全然自由的、为了自己而努力拼搏的"somebody"。这是一种多美好的感觉呢？我想，每一个浙大学子都有各自不同的体悟吧。

纵使山高水长，
我们不会彷徨

///

是什么让我慢慢爱上了浙大？

或许是风味各异的食堂吧。既可以在休闲食堂吃到家常小炒，也可以在风味餐厅体验大江南北的美食，更能在大西区的留学生食堂点上一桌好菜，和室友畅聊人生理想。如果你已经吃遍了学校食堂，也可以去学校后面的"小吃街"换换口味——当然，要做好被美食掏空腰包的准备。

或许是校园各个角落潜藏的小确幸吧。你可以在午后点一杯奶茶，背几列单词；也可以在清晨漫步启真湖畔，看黑白天鹅逐水嬉戏；还可以在晚课之后抬头，看一轮明月挂青天的温柔光芒。

或许是丰富多彩的校园活动吧。12月31日是我们的学生节，不同专业的同学都走上街头狂欢。也可以去小剧场看一场票价仅仅十几元的电影，或是去临水报告厅聆听一场西洋音乐会。如果你选择在新年或者春节留守学校，那新年狂欢夜和年夜饭正在等待你的加入。

我们都是"不够称职"的浙大人，竟然没一个人可以全然说出为什么爱它。我们只知道，一天天过去，也许很多当时以为难忘的瞬间都渐渐模糊，但对浙大的爱却与日俱增，就如老舍先生所说："我不能爱上海与天津，因为我心中有个北平"。

我难以说出浙大的全貌，只能以浮现在心中的许多小小细节来描述它的美好。一言概括，浪漫、自由，以及所有我曾憧憬过的美好，我都在浙大找到了。

Ⓐ 录取

- 浙江大学在各省（自治区、直辖市）按照分专业或分大类招生计划数，按投档成绩择优录取，不设专业间分数级差。
- 当考生填报的专业志愿均未被录取时，对服从调剂者，待所有进档考生专业志愿录取结束后，从高分到低分调剂到未录满的大类或专业；对不服从调剂者，或体检结果不符合未录满大类（专业）录取要求者，予以退档处理。
- 中外合作办学专业不招收无志愿考生。

✎ 专业要求

- 浙江大学录取的学生在入学一年内确认主修专业。
- 在本科教学中，教学计划要求的必修外语课程使用英语教材和英语教学，非英语语种的考生应慎重填报志愿。
- 学校与有关省级招办协商安排非通用语种等专业在提前批次录取，相关专业以有关省级招生考试机构公布的为准。提前批次招生专业大类按照投档成绩择优录取。考生所填报专业都无法满足时，若服从专业调剂，则根据考生成绩在未录满的上述提前批次招生专业大类范围内进行调剂录取，提前批次录取的学生，主修专业确认及转专业范围仅限于提前批次的相关专业。学生可以辅修、微辅修其他类专业。
- 根据浙江省政府有关文件精神，主修专业确认到农学、园艺、植物保护、茶学、动物科学、动物医学6个专业的浙江籍学生将免交学费。

Ⓐ 医药类专业

- 根据医药类考生报考特点，浙江大学医学院、药学院和浙江大学爱丁堡大学联合学院所属的医学试验班类、预防医学、药学类和生物医学（中外合作办学）专业等，以浙江大学医学院实行单独招生代码，单列招生计划，单独设定调档分数线，实行单独录取。

不负光阴就是
最好的努力

◎文/李鹏龙　图/浙江理工大学官方微博

"浙理的师生认真又执着，浙理的每一天都让你成长为更好的自己。"

浙理有个 后花园，还有网红食堂

乘飞机从杭州下沙大学城上空飞过时，你很容易就能看到浙理——那个占据了地面最中心位置，如众星拱月般被其他高校所包围的家伙。而校园旁那绿油油的一片，就是浙理的"后花园"。

后花园里的花一年四季都在"你方唱罢我登场"地绽放，挑个周末或夜晚，带着家人或朋友，在这里搭个帐篷，再来个烧烤，是人生一大乐事。偶尔，也能看到精心装扮的小哥哥、小姐姐们来拍照、写生，用镜头和画笔定格人生最美的样子。夏日的夜晚，这里最适合情侣们花前月下，交流感情。凉风习习，蝉鸣声也仿佛在为他们送上祝福。

美景还需美食搭。近两年，浙理因为食堂屡上热搜。

淡黄色的灯光，洒在一排排的书架上，不知道的人看了，还以为自己走进了某间书店。正想研究藏书，突然有"歌声"传来，瞬间将你的注意力拽离书店，原来这是到了某个KTV啊！然而你的答案并不对，这里其实是紫薇阁三楼，就是那个上了热搜的"网红食堂"——一个装了观光电梯的食堂，这在国内高校可不多见。

浙理的另外两个食堂——桂花园和玫瑰园也不甘落后，这两年也都纷纷"进化"成了"别人家的食堂"。比如玫瑰园配置了实木餐桌、暖色调吊灯，并打造出各种主题环境，天花板上还垂挂着一两百只不锈钢的海鸥。除了美食，这里还有KTV、台球桌、娃娃机，可谓休闲娱乐的宝地。没有课的时候，来食堂坐坐、看看书，跟朋友聊聊天、打打台球，好不惬意。

浙理的人教你 学以致用

猜猜看这段话出自何处？"若夫黄叶辞柯，对金节而送燠，丹桂浮香，比西风而迎凉，啼猿则声声啸冷，吟虫则双双鸣寒，所以烟障不落，零氛恒周，以至喉如吞炭，口若在汤，而身体肢干，五感七窍，非无辅，车之难，遂成城，池之狭，岂不悲乎？"

行了，别百度了，这其实是一张"请假条"，出自浙理汉语言专业同学之手。谁再敢说学汉语言的是书呆子，这张"假条"第一个表示不服。

说到学以致用，还得看服装学院的毕业会演。浙理的服装类专业在国内高校一直名列前茅，每年毕业季的会演都会引起轰动。华美夺目的服装、帅气性感的模特、动感绚丽的灯光，每一次T台秀，都会吸引外校一大波人的关注，连校内学生都是一票难求。已经不记得是从哪一年开始，这样的会演已经走出学校，走进北京，引起不少服装界人士的关注。一些优秀的学生，刚毕业就在国内外服装界崭露头角，成为一颗颗冉冉升起的新星。

浙理的人还有一股子执着与认真，我的室友就是典型代表。每年杭州举办中国国际动漫节时，都有不少浙理的"二次猿"参加，而我的室友，就以学校动漫社社长身份带领社团参加过。为了处理好社团事务并策划活动，他经常早出晚归，对他来说，这不仅仅是课余的娱乐休闲，更是一种责任。

在浙理，
成长为<mark>最好的自己</mark>

///

说起"厚德致远，博学敦行"，或许别人不知道这八个字有什么特别含义；但若说"在浙理，成长为最好的自己"，相信浙理校友马上会与你"认亲"了，因为这句话早已深入每一位浙理学子的心。

在浙理，不管你想做活动达人，还是变身"书虫"，钻研学术，都没问题。

在浙理，你会看到丰富多彩的社团。加入红楼梦社团，你将和同好一起品鉴"满纸荒唐言，一把辛酸泪"的绝唱；如果去三大文学社，你能重温"唐宋八大家""竹林七贤"的不朽；游戏爱好者专属的电竞社团，能带你体验"敌人还有30秒到达战场"的刺激……众多兴趣类、公益类、学术类的社团，用事实告诉你什么叫"数风流人物，还看今朝"。

浙理的老师担得起"传道授业解惑"的评价。开创"弹幕教学"的王艳娟老师，让课堂变得诙谐有趣；"风趣幽默不失睿智，亦师亦友常伴左右"的朱麟飞老师，开设的公选课门门爆满；"一口东北普通话，上课从不用PPT"的高长江老师，他的课程最能考验一个人的学习能力，你若能完全听懂他的课，那就是对自己学习能力最好的证明了。

杭州下沙高教园区最大的图书馆也在浙理。作为"知识的宝库"，浙理图书馆冬暖夏凉，所以在夏天，最幸福的事，是去图书馆；在冬天，最幸福的事，还是去图书馆。不少同学都是每天六点起床，去操场跑完圈，再去玫瑰园吃一碗葱油拌面后，就赶往图书馆。图书馆每天八点准时开馆，把门外那一长串排队等候的"早起鸟"们放进去。如果能去十楼挑个好位置，一抬头，你就能眺望到很远很远的风景。

在浙理，你可以成长为最好的自己。

报考须知

录取

- 对进档的考生，按照"分数优先、遵循考生志愿、专业志愿间无级差分"的原则依次择优录取；排序中考生总分相同时，参照生源省份（自治区、直辖市）同分排序规则，同时参考学业水平考试成绩和综合素质评价择优录取。
- 非平行志愿或第一院校志愿的进档考生，在计划未满专业中根据上述原则录取。

专业要求

- 学校公共外语为英语。对部分专业设定外语单科合格线，外语单科成绩达到合格线及以上的进档考生，按高考总分排序，如遇外语单科成绩符合条件的生源不足时，则按外语单科成绩5分一档降分录取至额满。
- 有关专业外语单科合格线为：英文授课班（含国际经济与贸易、工商管理专业）：125分；服装设计与工程（中美合作项目）专业：105分；服装与服饰设计（中美合作项目）专业、视觉传达设计（中美合作项目）：70分；美术类专业（非中美合作项目）：60分。
- 除表演（时装表演艺术）专业限招男生15名外，其他专业男女比例不限。
- 服装设计与工程（中美合作项目）、服装与服饰设计（中美合作项目）、视觉传达设计（中美合作项目）等中美合作项目专业只招收有该专业志愿考生。

激励措施

- 启新学院设立三类实验班。其中启新卓越实验班学生可在全校优势学科专业中自主选择学制相符的修读专业。
- 设立新生奖学金［须第一批次（或第一段）、第一志愿或平行志愿录取］：根据考生高考成绩，结合各科类实际录取及报到人数，学校确定新生奖学金获得者30名。其中一等奖15名，奖金额为6000元/人，二等奖15名，奖金额为3000元/人。
- 设立中美合作项目特别奖学金，用于资助该项目优秀学生赴国（境）外留学的部分费用，最高资助额度为6万元。

杭州电子科技大学

Hangzhou
Dianzi
University

执着于理想，
纯粹于当下

◎文/panpan　受访者/科豆　图片/可欣大人阿　杭州电子科技大学官方微博

"文泽路到了，请带好随身物品准备下车。"一听到熟悉的播报声，才发觉那些有关杭电的记忆，依旧清晰。

杭州电子科技大学有一个绰号，叫作"下沙男子DOTA高等专科学校"，据说男女比例夸张到7:3，虽然女生少，但是杭电的"女汉子们"不管是成绩，还是颜值都不低，再加上一众"钢铁直男"的保护，于是她们被称为"全下沙最不敢惹的女生"。

当然杭电最美的还是校园，"下沙最美大学"这个称号并非浪得虚名。整个学校都洋溢着一股小清新的气质，不少综艺节目都在杭电取过景。

全国IT百强企业1/3的掌门人 ///
从这里毕业

杭电没有响当当的"双一流"名头，走出浙江省，似乎就没有太多人知道这所学校。但其实学校在计算机、电子信息、会计等专业领域实力强劲，被誉为"IT企业家摇篮""卓越会计师沃土"。同时，杭电还拥有全国仅有的几个ACM（国际大学生程序设计竞赛）、OJ（在线裁判）平台，各地高校的学生经常跑到杭电的OJ平台上来做项目。

初识杭电，我以为这是一所不怎么起眼的学校，要让我说喜欢它，我是拒绝的。当时我想，这算是什么大学呀！我理想中的大学应该有着浓厚的历史、满校园的梧桐树、幽静的校园小路、大片的草坪以及庄重典雅的图书馆。而杭电，教学楼和餐厅的名字朴实有余，风雅不足，只是直白地将它们称为：1教、2餐、3号楼。

但经过一年的磨合期，渐渐了解它之后，我才认识了真正的杭电：一个勤奋务实的"理工男"。所以杭电虽不是所谓名校，但是杭电学生的口碑非常好，很受企业欢迎，也许就是因为杭电人有着和自己母校一

样的特质：不卑不亢、踏实进取。

杭电本科毕业生就业起薪位居全省综合类高校第一，这点是杭电引以为傲的。因为地处长三角经济区，就业机会多，发展空间大。在学校时，多参加一些行业类比赛，拿个奖，找工作时offer拿到手软。

同时，杭州的互联网企业非常多，就业和创业的氛围都非常友好，学计算机及相关专业的同学毕业后可在这里大展拳脚。杭电对创业学子也给予最大程度的支持，学校附近弗雷德社区的几幢高楼几乎被学生租用完了，大家都在那里利用业余时间创业。

说了杭电的硬实力，再来说一下它的"福利"——假期长！长到令很多外校学生"羡慕嫉妒恨"。虽然学生自主支配的时间比较长，自由度高，但同学们不会虚度光阴，大多都会选择去实习、学习新知识、留校备赛……所以，自由之余，更重要的是自律。

说完硬实力、软福利，很多小伙伴在谈到母校时，还会兴奋地列出知名校友来"晒一晒"。

说到杭电校友，首先要提的就是阿里"十八罗汉"了。大家都知道，马云在创办阿里巴巴前是杭电的一个英语老师，后来也从杭电找了一大批志同道合的朋友共同创业。可以说，杭电对现在的阿里巴巴

有很大贡献。所以这份"校友录"，值个10亿没毛病！

当然除了阿里"十八罗汉"，杭电六十余载的岁月里还培养了许多人才。王滔（曾任搜狐公司副总裁，畅游公司CEO）、岳旭强（蘑菇街联合创始人、首席技术官），以及著名摇滚歌手郑钧都是杭电毕业的。没想到吧？杭电还能玩摇滚！

校园里的
"大神老师"

都说老师是一所学校发展的核心竞争力，杭电也有这样一群可爱的人。

首先为大家推荐的是教授《近代史纲要》的范江涛老师，杭电学子亲切称他为"涛哥"。

大家印象中的思政课是怎样的？是不是只会想到冷门、枯燥、乏味这些词语，但范老师却可以将这样一门看似无趣的课程做成一门需要定好闹钟，拼手速去抢的爆款课程，其中有不少还是想要"二刷"的学生。常有许多没有抢到课的学生私下找范老师签课，但他都一一婉拒，"如果人太多就会影响学生的学习效果。"为了多和学生互动，他还在课堂引入了"弹幕墙"，实时和学生沟通。

有了把冷门课程变爆款的范老师，如果再碰上多才多艺的辅导员又是一种怎样的体验？杭电辅导员"小马哥"就带着学生把每年常规的入学须知拍成了一部5分53秒的说唱MV！

"进图书馆，刷二维码，还不能穿得太随便；不要占座，保持肃静，别把零食带到里面；学习要有时间观念，注意还书期限……"这份歌词看似简单，却蕴含着"小马哥"作为辅导员的深刻思考。作为杭电的毕业生，"小马哥"借由一段"RAP"重新回忆了一个新生踏入校园是怎么适应大学生活的。比如介绍了图书馆守则、学校最热门社团、寝室熄灯时间和食堂菜式等，歌词不仅是简单的《新生须知》，也是学长和老师想对新生说的话："不要以为进入大学就是进入天堂，可以为所欲为。每个校园都有自己的规则，依然要从头开始学习并适应。高考分数从这一刻都化为零，每个人都能在这里开创自己的天地"。

你若以为只有老师才身怀绝技，那就小看杭电了。许多学校还有这样一群人，看着其貌不扬，实际上他们却是隐藏在学校的高手。没错，我们通常称这样低调的高人为"扫地僧"。最近杭电就出现了这样一位宿管阿姨——6年写出6部小说，还被学校邀请开写作课！

在课堂上，阿姨这样介绍自己："虽然身着布衣，但也不影响我们饱读诗书。"听着她的课，我们也不禁发出感叹：活到老学到老，古人诚不欺我也。

报考须知

录取

• 新高考省份生源：浙江、上海、北京、天津、山东、海南等新高考改革省（市）按新高考录取政策执行，考生所填报的专业（类）志愿须满足该专业（类）选考科目要求，调档比例根据招生主管部门的要求确定为1:1。对进档的考生，按考生高考总分从高分到低分依次录取，专业组内志愿不设分数级差；若考生高考总分相同，则按考生所在省（自治区、直辖市）招生主管部门有关规定执行。

• 江苏省生源：考生选测科目要求等级达到BB及以上，必测科目等级须均合格（即5合格）。对进档的考生，实行"专业级差法"，相邻专业志愿级差为1分。

• 其他省外生源：①有专业志愿的考生优先于无专业志愿的考生安排专业录取。均有专业志愿时，等效投档成绩高的考生优先。②专业投档规则：学校执行考生所在省（自治区、直辖市）招生主管部门关于投档的有关规定。对进档的考生，实行"专业级差法"，相邻专业志愿级差为1分。按等效投档成绩的高低录取，当等效投档成绩相同时，综合素质好、相关科目高考成绩高等因素决定优先顺序。实行院校平行志愿投档的进档考生，只要专业服从且政审、体检符合条件，均予录取。

奖学金

• 学校建有完善的优秀学生奖学金制度和困难学生资助制度，实行国家助学贷款、国家、社会奖助学金、勤工助学、困难补助等资助政策，开设家庭经济困难新生入学报到"绿色通道"，学校特别设立由校友和社会企业捐赠的"新生发展基金""安克梦想教育发展基金"等助学金，用于资助2020级家庭经济特别困难的优秀新生。

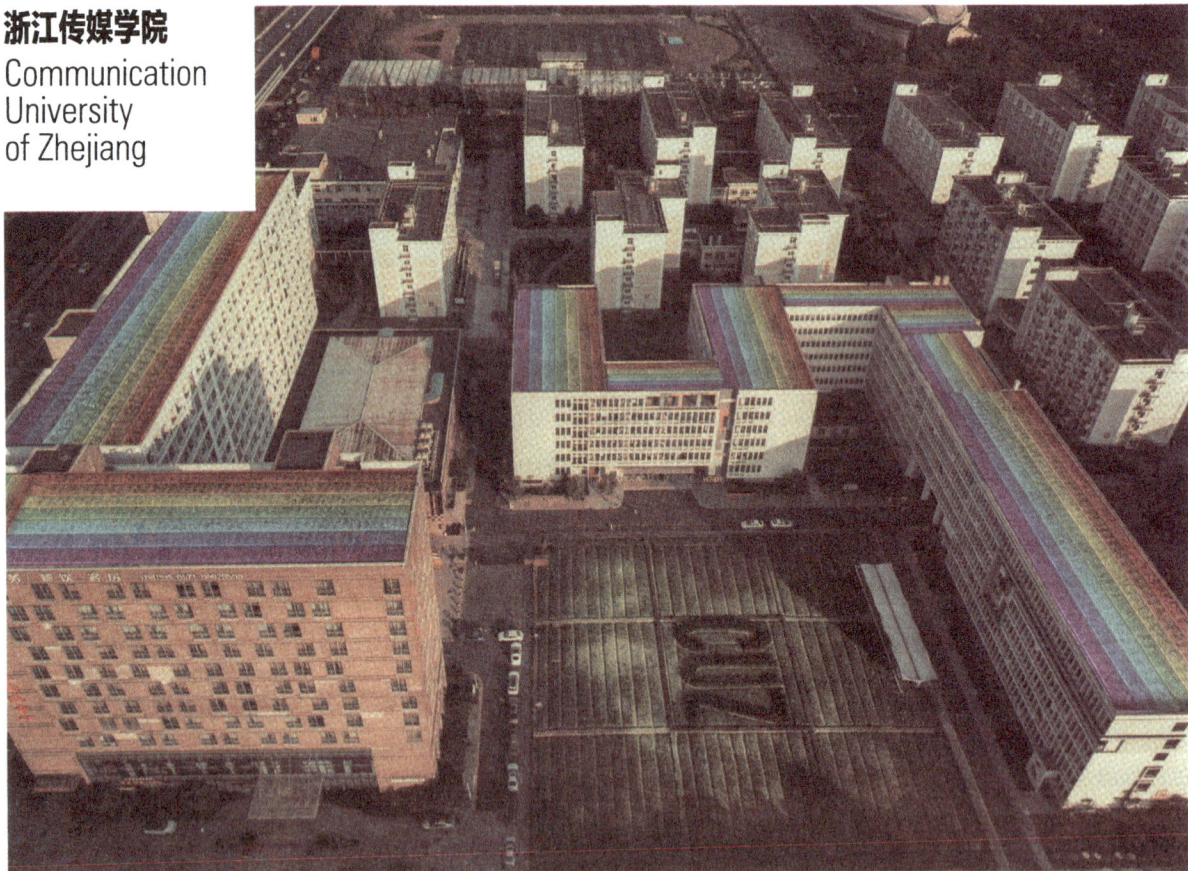

这里有无数新鲜的
青春与梦想

◎文/阿鱼　图/图虫创意　浙江传媒学院官方微博

那年，偶然在同学们交头接耳谈论志愿时听到了浙江传媒学院这个名字。当时谈论的编导、导演，都离我平淡无奇的生活太远，所以能被浙传录取我还是颇感意外。不曾想，遇见浙传后，我的生活会变得如此丰富。

忙碌中诠释热爱 ///

但凡特意去了解过传媒圈的，都听过一句话："北有中传，南有浙传。"这两所学校，可以说是编导类、播音类艺考生和梦想进入传媒圈的人心中的"清北"。

学校也没令他们失望，从浙传走出去的学生，很大一部分确实进了传媒圈里的各个广播电视台、影视公司和新闻媒体，基本国内各个主流媒体里，你都能找到浙传校友的身影。有人去做编导，有人去做后期，有人去做记者，大家在自己的岗位上，诠释着一份热爱。

毕业后能顺利走上梦想的道路，不仅仅是因为学校光环给的优待，更多的是印证了那句老话：一分耕耘，一分收获。因为浙传的学生，学习起来都是很拼的！

我经常在桐乡校区的思镜湖边看见扛着各种摄影器材的同学，甚

至其中有不少瘦弱的女生，他们有条不紊地指导现场人员走位以及进行一条条片子的拍摄，这是浙传的一道风景线。清晨的楼道则永远被播音专业的同学占据，"八百标兵奔北坡"的声音就像是定时闹钟一样准时响起。

新闻专业的同学每天为了报道各类新闻忙得焦头烂额；电子信息工程专业的同学高数学到头秃；编导专业的同学除了每天应付各种剧本、拍片，还要泡在机房学特效剪辑；文化产业管理专业的同学正在备考各种经纪人资格证……在这里，你很难发现一个"闲人"。

校庆来的明星 /// 比演唱会都多

浙传最不缺的是什么？明星！

学校的知名校友简直不要太多，戚薇毕业于录音专业，朱丹和李维嘉毕业于播音主持专业，还有《奔跑吧》导演姚译添、《王牌对王牌》总导演吴彤、爱奇艺副总裁陈伟、《爱上超模》总制片人韩金玲等。这些浙传毕业生都在台前幕后熠熠发光。因为对母校爱得深沉，他们还经常

会回访浙传，举办专题讲座，在校庆活动中闪现。

浙传40周年的那场校庆活动，被大家称为同类校庆活动中的"高配版"。光主持阵容，就请来了浙江卫视著名主持人伊一和沈涛，晚会现场，更是有飞儿乐队、李冠霖、余心恬等人将气氛带动到极点。晚会开始前，张国立、刘涛、谢娜、郑恺、徐峥、李维嘉、戚薇等多位明星也为我们学校送上了祝福视频。如此强大的明星团助阵，也侧面体现出浙传在传媒圈的号召力。

不过近距离追星，只是浙传带给你的附加福利罢了，最重要的是，它拥有传媒行业的珍贵资源，专业老师的授课和校友间的引荐，能助你在传媒行业走得更远。

而且浙传的地理位置很好，以桐乡校区为例，这里距乌镇很近，世界互联网大会和乌镇戏剧节都在这里举行，每年都有很多浙传人参与其中。而杭州，有阿里巴巴的坐阵，再加上各大媒体分公司的汇聚，让你拥有更多机会。拿着浙传的毕业证去找工作，也会妥妥为你的简历加分。

允许和别人 "不一样" ///

传媒行业充满可能性，所以说独特的人在这里更容易发光发热。无论你是郭敬明还是周星驰，无论你有多么新奇又有趣的创意想法，这里都欢迎你。传媒行业最需要独特和多样，所以每一种合理的任性，都会被包容。

在这里，你可能因为拍的片子风格出众而小有名气，也可能因为专业技能突出而被公司提前挖走。我曾采访过一位摄影专业的学长，他在学校期间一直有累积优秀作品和实践经验，最后就去到BBC（英国广播公司）做了摄影师。

学生出色，老师功不可没。

在浙传的课堂上，你总能看到一些老师讲得眉飞色舞，在他们的课堂上，也总有一些陌生面孔来蹭课。有一位姓廖的教授，开设了一堂小说演绎课，学生们把《凉生，我们可不可以不忧伤》《和平饭店》等剧集搬进了课堂，过足了表演瘾。在讲授中国古代文学课时，老师也总是通过生动的表演来形象解读古代文学。

从这里就能看出，浙传很重视实践，它希望将我们培养成全面的人才，而不是只会背课本里的知识。这种培养理念所带来的好处，在你走出校园后感触会更深。

在浙传学习生活的日子，回想起来点点滴滴皆是美好。浙传好像一个家，每个人在这里都可以找到归属感，每个人都在向美好看齐。假如时光可以按下重播键，我仍期待与浙传相遇！

投档及录取

- 学校认可各省（直辖市、自治区）招生办（考试院）对考生的加分政策，但加分分值最高为20分。
- 对于进档考生，学校专业志愿间不设分数级差，根据"分数优先、遵循专业志愿"原则，按投档总成绩（含政策加分）排序录取。在投档总成绩（含政策加分）相同时，优先录取相关科目分数高的考生，相关科目的比较顺序是理工类考生依次比较数学、综合、外语、语文；文史类考生依次比较语文、综合、外语、数学。
- 浙江省、上海市、北京市、天津市、山东省和海南省招生专业录取办法分别按照各自新高考改革方案中相关规定执行。
- 内蒙古自治区实行"招生计划1:1范围内按专业志愿排队录取"的录取方式。
- 江苏省考生录取必备条件（学业水平测试）以江苏省教育考试院公布的为准。

艺术类专业

- 学校播音与主持艺术、播音与主持艺术（影视配音）、播音与主持艺术（礼仪文化）、播音与主持艺术（双语播音）、广播电视编导、影视摄影与制作（电视节目制作）、影视摄影与制作（电影摄影与制作）、影视摄影与制作（电视摄像）、摄影、录音艺术等10个本科专业经教育部批准参照独立设置本科艺术院校招生办法执行，实行全国计划，并由学校自主划定艺术类文化分数线。

专业要求

- 凡报考英语专业的考生，英语单科高考成绩要求115分以上（含）。
- 中国语言文学类实行大类招生，含汉语言文学、秘书学2个本科专业；按大类招生录取的学生进校后第一年按大类培养，一年之后按照学校相关规定进行综合考评实施专业分流，第二年开始进行专业培养。
- 中外合作办学专业录取的学生，不得转专业。实行混合所有制改革的浙传华策电影学院学生不得转出至其他二级学院各专业学习。

杭 州 高 校 专 业 推 荐

高校	重点专业 & 新设专业	报办电话
浙江大学	**重点专业：**化学工程与工艺、生物科学、机械工程及自动化、材料科学与工程、电气工程及其自动化、过程装备与控制工程、计算机科学与技术、农业资源与环境、环境科学、软件工程、基础医学、临床医学、农林经济管理、新闻学等 **新设专业：**机器人工程、人工智能	0571-87951006
浙江理工大学	**重点专业：**动画、纺织工程、机械设计制造及其自动化、艺术设计、电子信息工程、服装设计与工程、计算机科学与技术等 **新设专业：**机器人工程、智能制造工程	0571-86843333
杭州电子科技大学	**重点专业：**软件工程、会计学、电子信息工程、信息安全、计算机科学与技术、电子科学与技术、通信工程、自动化等 **新设专业：**网络空间安全	0571-86915007
浙江工商大学	**重点专业：**会计学、工商管理、统计学、食品科学与工程、计算机科学与技术等 **新设专业：**网络与新媒体	0571-86989998

HANG ZHOU

specialize recommend

杭州师范大学	**重点专业：**生物科学、音乐学、小学教育、计算机科学与技术、化学等 **新设专业：**数据科学与大数据技术、生态学、行政管理	0571-28865193 0571-28865518
浙江财经大学	**重点专业：**财政学、会计学、经济学、金融学、财务管理、税务、审计学等 **新设专业：**土地资源管理、网络与新媒体	0571-87557465 0571-87557466
浙江中医药大学	**重点专业：**中医学、针灸推拿学、中药学、护理学、听力与言语康复学、药物制剂、生物科学、生物工程等 **新设专业：**食品卫生与营养学、中医康复学	0571-86613520
中国美术学院	**重点专业：**动画、绘画、艺术设计、美术学、雕塑、建筑学、中国画、工业设计等	0571-87164630

高校 SHOWTIME

翻窗进教室只为听微积分课

在浙大，有一种微积分带来的恐惧：不是上课听天书考试挂科，而是150人的课程名额却有3000多人选！没办法，谁让"矿爷"（数学系教授苏德矿）的课那么棒呢——他用生活段子将高深的数学理论讲得通俗易懂。为了让更多学生能好好听课（不用翻窗进教室），苏教授通过网络直播起了微积分课。苏教授不仅60岁"出道"成为网红，授课照片还被搬入了浙大的校史馆。

最暖心的宿管大叔

见过朋友圈的深夜"放毒"图和"脑洞"表情包，见过在朋友圈坚持写暖心日记的吗？

浙工大一位年过花甲的宿管大叔，就坚持三年写了18万字的朋友圈日记。那些小故事里有家乡年味与杭州美景，也有村里的养鱼大哥和浙工大的学生。浙工大的学生也爱与他聊天，聊完后总能收获满满正能量。用文字"点亮"自己生活的同时，这位叔叔也温暖着浙工大的学子们。

想入社？
先背一遍"仙剑人物关系表"

仙剑奇侠传，一款经典的国产仙侠类游戏。作为女生比例极高、与仙剑官方有着直接联系的社团，浙江大学的仙剑文化社可谓是"二次猿"们的"兵家必争之地"。平日里，社员们常聚在一起"修仙打怪"、啃鸡腿；而当仙剑有新版本发布时，他们可是有机会参加发布会并试玩最新游戏的。

但如果你以为知道逍遥哥哥和灵儿妹妹就能加入社团，那就太天真了。想入社，先把人物关系表背一遍再说。

这个选修课投资上百万

投资百万、大师授课、特色定制、上课不靠抢而靠层层选拔，这就是浙江传媒学院的影视大师课。

浙传联合浙江衡次元文化传媒有限公司，携手二十余位业界导师定制了这门特色选修课。来上课的导师都有谁呢？导演、制片人王小康，《老九门》的制片人、《盗墓笔记》的编剧白一骢，戛纳国际广告节主席Terry Savage……制片人、导演、编剧、演员，你能想到的大师都可能出现在课堂上，他们向同学们分享影视创作、营销、大数据等领域的经验和案例，还会让同学们重点练习短视频制作和可视化设计。

上过课的同学们都觉得收获满满，这课贵得相当有"资本"。